ふるたにの
日々是好日
IKEA
DHC
TSUTAYA

自問

矛盾

HOTEL L'ELiSA
OPEN
Hotel
アモーレ
R-25
HOTEL
ここ→
道玄坂2-26
3461-1212
道玄坂
2-26

愛とか

混然

寺にて

雲門寺
無

君と僕と諸行無常と。

TikTok僧侶の幸福論

龍寂山雲門寺僧侶
古溪光大《ふるたにこうだい》

はじめに

いつも僕を応援してくださっているフォロワーの皆さん、ありがとうございます。そして、この本を手にとって、僕を初めて知ってくださった方、はじめまして。龍《りゅう》蔵《が》山《さん》雲《うん》門《もん》寺《じ》僧侶の古溪光大（ふるたにこうだい）です。

ＴｉｋＴｏｋで仏教や人生について語っているおしゃべりなお坊さん。般《はん》若《にゃ》心《しん》経《ぎょう》の現代語訳でラップをしている謎の男。

そんなふうに僕のことを認識してくださっている方が多いかもしれません。

僕は「お坊さんらしくない」とよく言われます。これは僕にとっては褒《ほ》め言葉です。

僕がなぜお坊さんらしくないお坊さんになったのか……。これまでの歩みをちょっとお話させてください。

僕は群馬県安中市にある龍峩山雲門寺の跡取りとして1994年に生まれました。

雲門寺は、慶長《けいちょう》2（1597）年に創建された曹洞宗《そうとうしゅう》の寺院です。現在は父が22代目住職を務めています。

毎年2月頃には寺院内の庭にたくさんの節分草《せつぶんそう》が咲き、早春の風物詩として地元のメディアに紹介されます。とてもきれいなので、ぜひ皆さんにも足を運んでいただきたいです。

こんなふうに意気揚々《いきようよう》と実家のお寺を紹介している僕ですが、実は物心ついた頃から20代半ばまでは、「なんでお寺の家なんかに生まれてしまったんだろう」と悩み続けていました。

出自《しゅつじ》のせいで、自分の未来や可能性が閉ざされているように感じていたのです。

0歳から小学校入学までは、父が曹洞宗のサンフランシスコ支部で布教活動を行っていた関係で、アメリカで過ごしました。

小学校入学時に家族で帰国し、社会人として就職して家を出るまで、東京・田園調布で育ちました。

中学でヒップホップにハマって自作のラップを始めたり、ファッション関係のアルバイトを続けてアパレル系の人脈を広げたり、幼少〜青年時代の行動の背景には常に、どこか「お寺の息子らしくないことをしたい」という出自への反発があったように思います。

就職活動も家から離れたい一心で有名企業を受けまくり、初期に内定をもらった会社に入りました。

転機となったのは、社会人3年目の時。

入社当初こそ、数字として結果を出せば、周囲の評価が上がっていく会社員生活に面白さを感じていましたが、「有名な会社に勤めていてスゴイねと言われたい」とか「契約をとって褒められたい」とか、常に他人からの評価を気にして生きていることに、満《み》たされないものを感じるようになってきたのです。
上司や同僚に恵まれていたからこそ、ただ「修行に行きたくない」「でっかい仕事がしたい」というような浅はかな気持ちで会社に入ってしまった自分に疑問を抱くようにもなっていました。

家がどうとか、会社や友人の評価がどうとかではなくて、自分が心からやりたいことは何なのか。自分が世の中のためにできることは何なのか……。

そんな迷いから経営や人生哲学の本を読み始め、出会ったのが「利他《りた》」の精神。自分よりもまず他の人に尽くすこと。その行いが巡りめぐって自分の救いになっていくという、仏教の教えです。
あれほど逃げていた仏教と運命的な出会いを果たした僕は、自らの意志で永《えい》平寺《へいじ》へ修行に行き、仏道を歩むことにしました。

僧侶として活動していると、さまざまな人生相談を受けます。

誰かの役に立つ存在にならなければいけないとか、あの人に愛されなければ幸せになれないとか、幸福に生きるためのハードルを自《みずか》らどんどん上げている人が本当に多い！

僕たちは、もっと楽《らく》に生きていいのです。
そして、その楽な生き方を、特別な資格も高額な授業料も要《い》らずに学べるのが仏教です。

とはいえ、お寺出身の僕ですら、なんとなく堅苦しいイメージで敬遠していた仏教。世間の人が、身近に感じられないのは当然です。
だからこそ僕は、お寺とかお坊さんになんて興味関心がなくて、でも生きづらくて苦しんでいる人のところに、親しみやすく仏教を届けたいと思っています。

かつての僕がお寺の人らしいことを避けていたのは、家への反発から。今の僕がお坊さんらしくないことをしているのは、仏教を広めるためです。

ＴｉｋＴｏｋで生死や性愛について語ったり、キャバクラ嬢と対談したり、バーの店番をしたり、現在の活動は多岐に渡りますが、すべてに通じているのは、仏教を通して、人生をもっと楽に生きられる人を増やしたいという思い。

生きていれば、まあＯＫ

この本を読んでそんな気持ちになって、少しでも心が楽になり生きやすくなる方がいたら嬉しいです。

古溪光大

２０２３年７月

君と僕と諸行無常と。目次

ふるたにの日々是好日　1
はじめに　10
第一章 諸行無常　22
お坊さんになんてなりたくなかった
物心ついた時から出自に疑問が　24
中学受験全滅で人生初の挫折
卒業文集に夢が書けない小学生　26
出自へのアンチテーゼ
ヒップホップに居場所を求める　28
自由を求めて高校進学
なぜか坊主頭で青春を送る　30
まだ仏道には入りたくない！
教師を目指して経済学部へ　32
異なるコミュニティの出会い
気づいたのは環境の大切さ　34
骨折したから就活開始
とにかく有名企業を受けまくる　36

ふるたにのつぶやき「諸行無常」　３８
ふるたにのつぶやき「止まない雨がつらいなら」　４０
憧れのサラリーマンに！
優秀な営業マンとして高評価をもらうが……　４２
仕事は誰のためにする？
素直に行動したことで得た気づき　４４
成功哲学書を読みあさり
たどり着いたのは仏教の「利他の心」　４６
生きてるだけでＯＫ
般若心経現代語訳ラップがバズった！　４８
ふるたにのつぶやき「正義と悪」　５０
ふるたにのつぶやき「その先へ」　５２
他人軸の評価で生きることへの疑問
コロナ禍に修行へ　５４
休憩なしの修行の日々
身にしみて感じる自由な時間の貴重さ　５６
修行を終えても僕は僕のまま
でも、それでいい　５８
ＴｉｋＴｏｋ僧侶の誕生
「生き方・僧侶」を目指す　６０
僧侶を生活手段にしたくない
「お坊さんらしくないこと」やる理由　６２
娑婆でのポリシー
いつでもどこでもお坊さんアイテムを　６４
一生懸命生きる
それが僕たちの使命　６６
生い立ちフォトアルバム１　６８

第二章 縁起　72

「ご縁」とは何か？
永平寺の修行で得た悟り　74
すべての出会いは等しく尊い
尊敬する者同士の間で縁起は深まる　76
挫折からの学び1
優秀キャラ崩壊で無断欠勤　78
挫折からの学び2
失敗を失敗のまま終わらせない　80
悪口を言ってしまったら3倍褒める
魂を輝かせる習慣　82
ふるたにのつぶやき「縁起」　84
ふるたにのつぶやき「執着」　86
SNSは最高の布教ツール
仏教と縁がうすかった人とも繋がりたい　88
オンライン法要で
お寺へのアクセスのハードルを下げたい　90
LINEで現代版寺子屋
本当の自分を吐露できる場所をつくる　92
人生にハズレはない
運の善し悪しを決めるのは自分自身　94
恋愛運がない？
運命の相手は自分で育てる　86
自分に嘘をつかない
嘘で繋がる関係に幸せな未来はない　98

やめたほうがいい恋愛関係
相手の変化に期待するのは執着　100
尽くし方を間違えない
楽しみながら相手を慈しむ　102
ふるたにのつぶやき「無限欲」　104
ふるたにのつぶやき「捨てる勇気」　106
元カレ元カノとの別れは
乗り越えようとするからつらい　108
恋する気持ちは止められないのに
不倫や浮気はなぜいけない？　110
未練は心を不自由にする
諦めるのは悪いことじゃない　112
ＬＧＢＴＱを僧侶はどう考える？
是か非か問うのはナンセンス　114
推しへの愛が止まらない！
本気の推し活のススメ　116
マッチングアプリでも縁は生まれる
出会い方も移ろい変わる　118
見返りを求めない
喜んでできないことは愚痴を生む　120
愛し愛される定理
すべての人を心から愛するから愛される　122
生い立ちフォトアルバム2　124
コラム：仏教を身近にQ&A　128

第三章 一切皆苦 132

人生は一切皆苦
つらいのがデフォルト 134
「私なんて」はおこがましい
「大般涅槃教」が教えてくれたこと 136
仏様は特別じゃない
君も僕もホトケになれる 138
わかってもらえないのは当然
「ヤバい奴」でも挽回できる 140
アンチがいるほうが健全
批判があるから賞賛がある 142
批判の声は滝行
どう感じるかは相手の自由 144
嫌な記憶は妄想
妄想で疲弊するのはもうやめよう 146
ふるたにのつぶやき「一切皆苦」 148
ふるたにのつぶやき「幸福論」 150
ネガティブはコスパが悪い
ポジティブはお買い得品 152
怒りのコントロール
激情を鎮める行 154
迷惑はかけていい
迷惑をかけない人なんていない 156

「毒親」育ちでも
親に感謝しないといけませんか？　158
感謝は解毒
苦しみから解かれて自分らしい人生を　160
ふるたにのつぶやき「死というのもの」　162
ふるたにのつぶやき「あなたは大丈夫」　164
命は誰のもの？
「死ぬ権利」について考える　166
大切な人の死
恐れるより与え尽くそう　168
ペットロスとの向き合い方
縁あって共に過ごせたことに感謝を　170
水子供養について
つらい経験も赤ちゃんが残してくれた贈り物　172
不要な言葉は受け取らない
いじめられている人は悟りに近づいている　174
死にたい人へ
他人の常識に自分を当てはめないで　176
存在しているだけで十分
あなたがいてくれてありがとう　178
生い立ちフォトアルバム3　180
コラム：古溪光大についてのQ&A　184
おわりに　186
般若心経現代語訳　193

第一章

諸行無常

この世のすべてのものは常に変化し、
永久不変なものはない。
喜びも悲しみも人生も、永遠に続くことはない。

お坊さんになんてなりたくなかった 物心ついた時から出自に疑問が

今でこそ「ＴｉｋＴｏｋ僧侶」や「現代お坊さん」を名乗り、僧侶として仏教や人生について話すことに前向きな僕ですが、はじめからお坊さんになりたかったわけではありません。

むしろ**自分の出自《しゅつじ》に疑問を抱《いだ》き続けていました**。

自分の好きな食べ物とか、好きな音楽とか、好きな風景とか、自分がどんな人間なのか気づく前から、僕の人生は決まっていました。「龍峩山雲門寺《りゅうがさんうんもんじ》の跡取り」が僕が生まれた理由であり、「龍峩山雲門寺の23代目」が僕の生きる道。

物心ついた時から、「僕は寺の跡取りであることに縛《しば》られながら生きているんだ。なんてかわいそうな人生なんだ」と、幼心《おさなごころ》に絶望を抱《かか》えて生きてきました。

「お寺を継ぐ身なんだから、しっかりしなさい」や「お寺の跡取りとして、恥ずかしくない成績を取りなさい」などと躾《しつけ》をされるのも嫌でたまらなかった。だって、それは僕が望んだ未来じゃないから。

それが、自《みず》ら仏道に入って修行をし、さらには僧侶としてＴｉｋＴｏｋをやったり、イベントに出たり、こうして本まで出すことになるわけですから、人生は本当に諸行《しょぎょう》無常《むじょう》。どこでどうなるか、わからないものです。

今思い返せば、小さな頃から、お寺に野菜を持ってきてくれる檀家《だんか》のおじいちゃんやおばあちゃんとお話しする時間は大好きでした。だから本当は、お坊さんになりたくない訳ではなかったのです。ただ、選択の自由がない人生を歩むのが嫌だっただけ。それに気づくのは、ずいぶんあとになってからのことです。

中学受験全滅で人生初の挫折
卒業文集に夢が書けない小学生

当時家族で住んでいた田園調布という土地柄か、「中学受験をするのは当然」という雰囲気の中で過ごした小学生時代。

親も「よい学校に行くのが正」という教育方針だったので、ほぼ毎日16時から塾に通い、塾の勉強をフォローするための家庭教師もついていました。さらにスイミングや野球などの習い事も。今思えば、めちゃくちゃ忙しい小学生！

漫画もゲームもよしとしない雰囲気の家庭だったため、空気を読む子どもだった僕の楽しみといえば小説『ハリー・ポッター』を読むことだけ。

非現実の世界に連れて行ってくれるファンタジーの本が大好きだったから、

正直、それほど不満は感じなかったけれど、子ども時代から親にコントロールされていたことには、今でも違和感が残っています。「漫画なんか……」という空気を出されて、自分で判断する余地を奪《うば》われ続けていたわけだから。

勉強漬《づ》けの真面目《まじめ》な小学生だったにもかかわらず、中学受験は全滅。勉強する意味がわかっていなかったので、結果に結びつかなかったのだと思います。自分を支配しようとしてくる親に対して反発心はあったけれど、その一方で、親の期待には応《こた》えたいという気持ちもありました。なので、中学受験の失敗は、人生初の挫折《ざせつ》でした。

卒業文集の「将来の夢」を書く際には、手が止まってしまいました。野球選手とか、宇宙飛行士とか、思い思いにペンを走らせている同級生が羨《うらや》ましくて仕方がなかった。なぜなら、僕には寺を継《つ》ぐ以外の選択肢が与えられていなかったのだから。将来は決まっているけれど、それは自分が望んだ夢ではない。

夢を抱《いだ》くことすらできない小学生だったのです。

出自へのアンチテーゼ
ヒップホップに居場所を求める

中学受験に全敗し、やむをえず、地元の公立中学に通うことになりました。

小学生時代にたくさん塾に通って、中学の勉強も先取りしていたため、入学当初から成績はそこそこ優秀。ほとんど勉強しなくても、それなりの好成績が取れたことは、「中学受験全敗」で傷ついた僕の心を癒《いや》し、自己肯定感を高めてくれました。

もし滑り込みで受かった私立学校で、授業についていくのも必死なほどもがき続ける中学時代を過ごしていたら、今の僕はいないかもしれません。

ちょうどｉＰｏｄが普及して、国内外の音楽を携帯することが身近になった時代。その流れで僕はヒップホップにハマっていきました。

音楽性というより、カルチャーの部分で魅《ひ》かれるものがあったように思います。**自分の主義主張や自由への渇望《かつぼう》を訴《うった》えるリリック（歌詞）に、勝手に自分のストーリーを重《かさ》ねていたのかもしれません**。「出自や生きづらさに悩んでいるのは、自分だけではないんだ」「もっと大変な偏見《へんけん》や差別に苦しんでいる人たちがいるんだ」と気づくきっかけにもなりました。

当時よく聴いて真似していたのは、ＫＲＥＶＡやＲＨＹＭＥＳＴＥＲです。自分もやってみようと、フリースタイルラップに初挑戦したのもこの頃。昼休み中に、クラスメイトを観客にして、ラップを披露していました。

いまだに、よい意味でも悪い意味でも、「お坊さんがラップなんて」という反応をいただくことがあります。

中学時代の僕も、出自へのアンチテーゼから、「お寺らしさ」「お坊さんらしさ」と逆のところにあるヒップホップやラップの世界に魅《ひ》かれて、そこに自分の居場所を求めていったように思います。

自由を求めて高校進学
なぜか坊主頭で青春を送る

受験のトラウマは根深く、これ以上受験勉強に苦しめられるのは嫌だから、高校は大学までエスカレーター式のところに行こうと決めていました。

規則に縛られたくないので自由な校風で、女子がいる共学……。

その条件に合致したのが、中央大学附属高校です。

高校は希望通りの進学を果たし、おおむね平穏《へいおん》な高校生活を過ごしたと思います。体育祭で、応援団長に選出されたこともありました。

一つ計画外だったのは、**せっかく服装自由な学校に入ったにもかかわらず、坊主頭で高校時代を過ごしたこと**。

その理由は硬式野球部に入部したから。

子どもの頃から野球をやっていたので、高校でも続けようかと軽い気持ちでいた僕は、比較的ゆるい雰囲気の軟式野球部に入ろうと思っていました。ところが、「高校野球をやるなら硬式」という謎の固定概念に縛られていた父からの圧力に屈《くっ》して、硬式野球部へ。バリバリの体育系だったその部活は、部員全員坊主刈りというルールがあったのです。

入部当初、どうしても坊主頭に抵抗があった僕は、ささやかな抵抗としてソフトモヒカンにして、先輩にご指導をいただきました（笑）。**納得できないことに対しては、ささやかな抵抗をしてみる姿勢は今も変わりません**。

ちなみに、今は坊主頭が大好き。さっぱりして、こんなに快適な髪型はありません。あんなに髪にこだわっていた高校時代の自分に教えてあげたいくらいです。

まだ仏道には入りたくない！
教師を目指して経済学部へ

僧侶になる場合、仏教系の大学や仏教学部のある大学に進学する人が少なくありません。

18歳当時の僕にもその選択肢はありましたが、大学で仏教を専攻してしまったらいよいよ逃げ場がなくなると思い、当初の予定通り、エスカレーター式で中央大学への進学を希望しました。

相変わらず夢らしい夢は抱《いだ》けない高校生でしたが、その頃にはさすがに自分の出自に卑屈《ひくつ》になるだけではなく、冷静に将来についても考えるようになっていて、大学では教員免許を取ろうと考えていました。祖父が、僧侶をやりながら、教師もやっていたからです。

高校時代はまったく勉強しなかったこともあり、パッとしない成績でしたが、現代文だけは得意でした。子どもの頃から本を読むのが好きだったからでしょうか。

それであまり深く考えずに、国語が得意だし、教員免許が取りたいからと、最初は文学部への進学希望を出しました。

しかし、担任の先生から「君は先生になりたいだけで、心から文学に魅せられているわけではない」「**きっとやりたいことや状況は変わると思うから、選択肢が広がる経済学部がいいんじゃないか**」とアドバイスされたのです。

「選択肢が広がる」「可能性を狭《せば》めない」系のワードに弱い僕は、素直にそのアドバイスに従って、経済学部に進学しました。

ただ、大学では予定通り教育実習にも行き、中学・高校の地歴公民科の教職課程を取りました。いつか祖父のように「僧侶兼教師」のような仕事もできたらいいなと思っています。

異なるコミュニティの出会い

気づいたのは環境の大切さ

大学では、オールラウンドサークルに入りました。いわゆる「飲みサー」です。大学の話でまずサークルの話題を出すことからもお察しの通り、遊びに熱中し、モラトリアム期間を満喫《まんきつ》した4年間でした。

趣味レベルですがラップ音楽も続けていて、東京大学の学園祭に呼ばれてラップバトルに参加したり、イベントに出演したりすることもありました。

流行の発信地、東京・表参道でアパレルショップのバイトをしたのもよい経験です。そのバイト仲間たちは、クリエイティブ思考の人が多く、起業を目指す人もたくさんいました。

大学の友人たちは大手の銀行や保険会社に入るのが正解という人が多かったので、異なる価値観を持つ同世代の仲間とバイト先で切磋琢磨《せっさたくま》できたのは刺激になりました。

誰が正解で誰が間違っているということではなく、世の中にはいろいろな価値観や人生があるということ、そして、幼い頃から何でもでも決めつけてくる両親に反発心を持っていましたが、**自分も狭い世界の中で身につけた物差しでしか世の中を見ていない**ということを、さまざまな人に出会うことで、思い知りました。

そして、**どんな環境に身を置けば、もっと自分は成長できるのか**を考えるようになりました。

骨折したから就活開始
とにかく有名企業を受けまくる

大学3年くらいになると、同級生たちは、インターンシップや業界研究に励《はげ》むようになりました。でも、僕は教師なるつもりだったので、就活の準備は全然していませんでした。

ところが就活解禁日直前のある日、全力で50メートルを走って転んで、腕を骨折してしまったのです。バイトも遊ぶこともできずに、部屋でダラダラしている日々。それに伴《ともな》って、母親の厳しい目が……。

家族から小言を言われずに堂々と家で過ごす手段を考えた結果が、就職活動。志望動機や自己ＰＲを考えまくり、軽く見積もっても１００社ぐらいにエントリーシートを提出しました。腕が折れているから友だちと遊びに行けないし、

かといって家事もできない。就活に没頭《ぼっとう》するには最高の環境でした（笑）

エントリーしたのは、とにかく名前が知られている企業。親が「ここなら息子が就職して経験を積んでいいかな」と納得するような会社に就職できなければ、お寺の修行に行かされることがわかっていたからです。というのは建前で、正直にいうと、周囲の友人に「すごい」と思われるような会社に入りたいという気持ちがありました。

そうした中、書類審査を通過し、何度かの面接を経《へ》て、最初に内定通知をいただいたのが、帝人株式会社（ＴＥＩＪＩＮ）です。

帝人の最終試験は人事部長との面接でしたが、偶然にも、その方の実家もお寺。僕の履歴書を見て、「宗派は？」などと盛り上がって、内定をゲット。

後述しますが、僕はこの会社に入れたことを本当に感謝しています。幼い頃から文句を言い続けたお寺家業ですが、人生のターニングポイントとなる就活でも、僕はお寺に助けられていたのです。

諸行無常

すべてが変化を続けている。
眩《まぶ》しい朝日も体にまとわりついた風も、
もう二度とわたしに訪れることがない。
全部が入れ替わって複雑に絡《から》み合う、
その中で生まれた奇跡の出会い。

生きているから変化する。
生きているからさよならがある。
消えていくから美しい。
せっかく人間に生まれたから、
わたしだけの奇跡を
身体いっぱい受け止めて
生きていく。

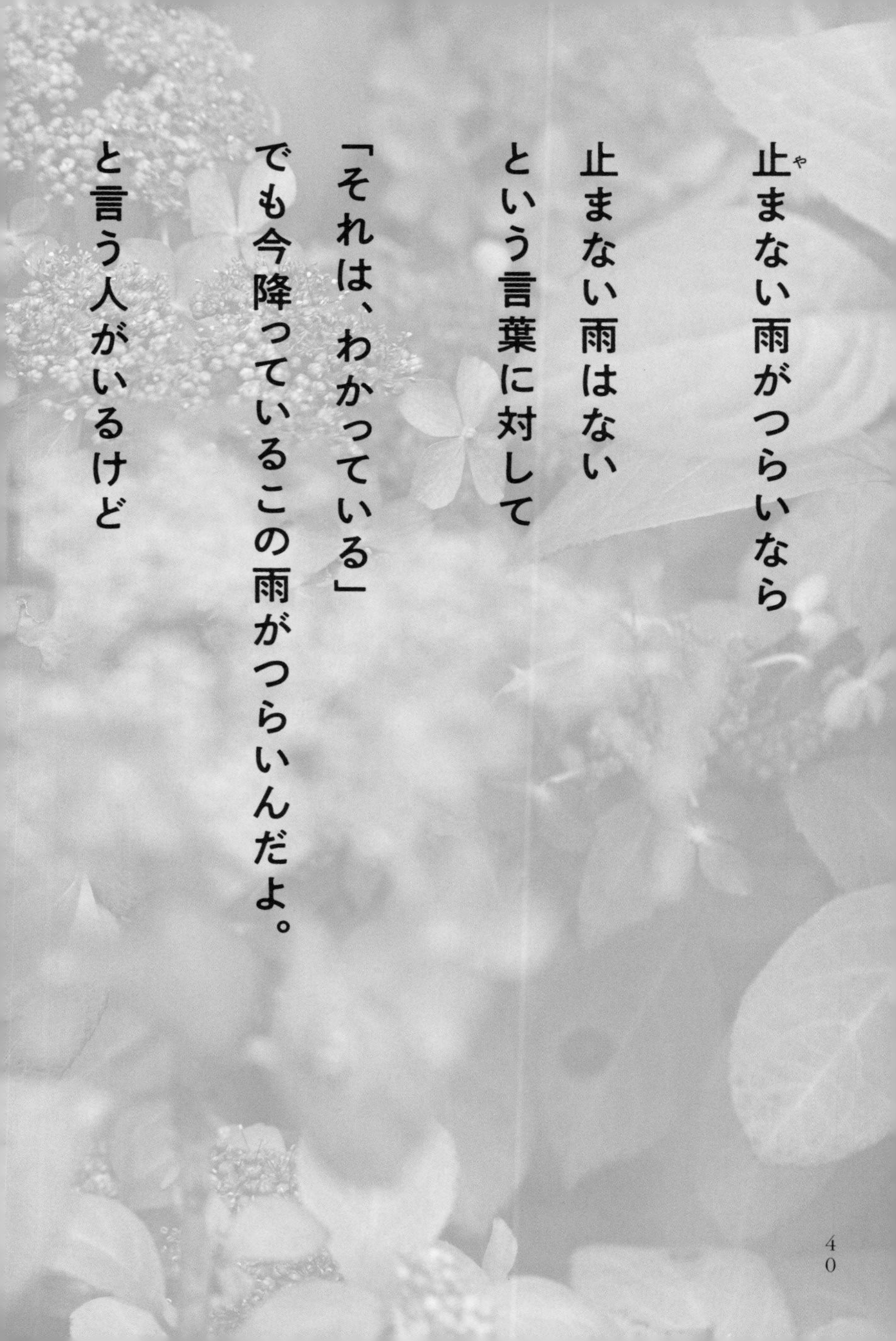

止《や》まない雨がつらいなら

止まない雨はない
という言葉に対して
「それは、わかっている」
でも今降っているこの雨がつらいんだよ。
と言う人がいるけど

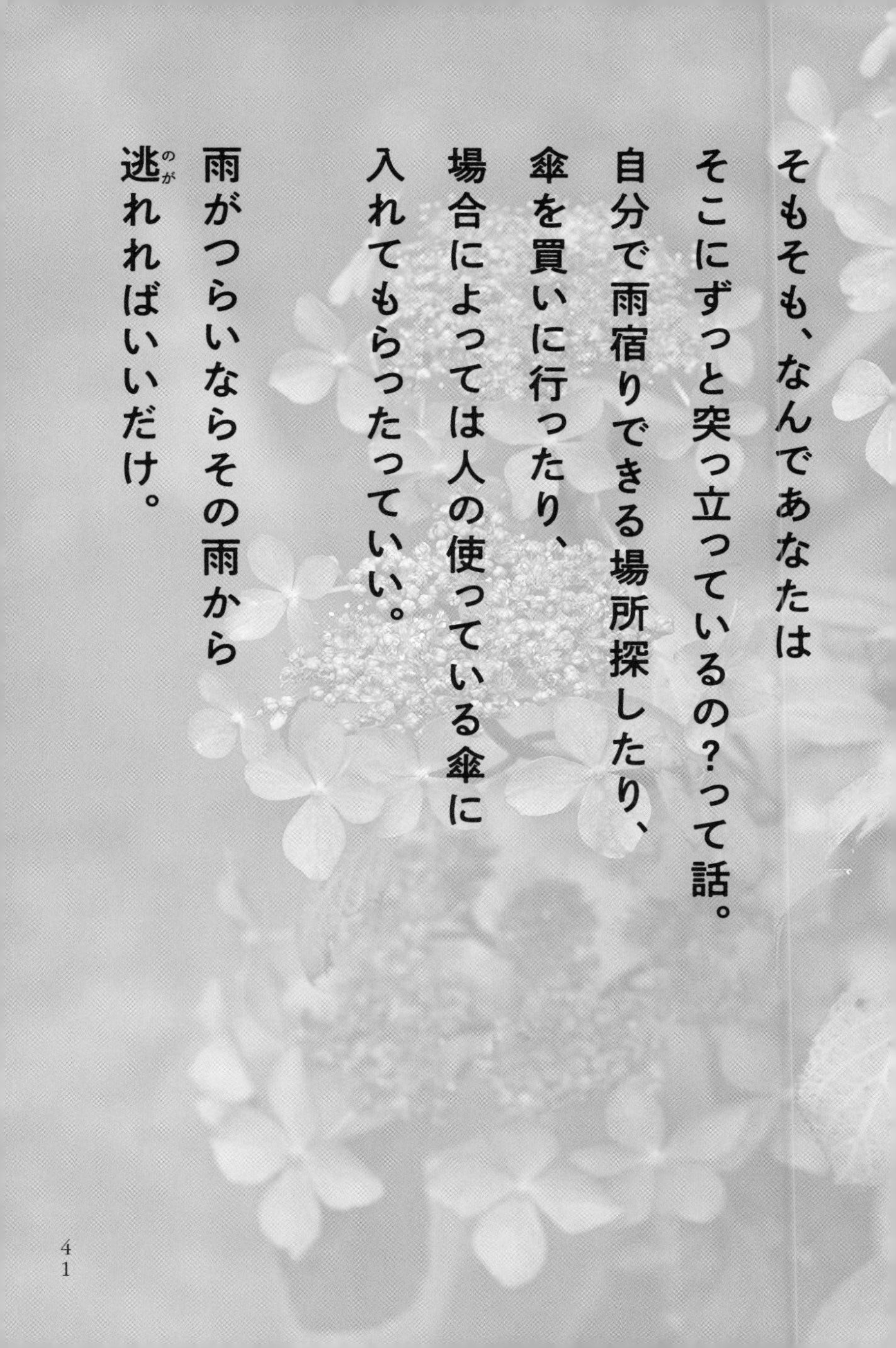

そもそも、なんであなたは
そこにずっと突っ立っているの?って話。
自分で雨宿りできる場所探したり、
傘を買いに行ったり、
場合によっては人の使っている傘に
入れてもらったっていい。

雨がつらいならその雨から
逃《のが》れればいいだけ。

憧れのサラリーマンに！
優秀な営業マンとして高評価をもらうが……

入社後半年間は愛媛県松山市の寮に入って新人研修を受け、その後、ヘルスケア部門の厚木営業所に配属されました。担当は、呼吸器系の疾患《しっかん》を持つ患者さんが自宅治療で使う医療機器の営業。リース契約を病院と結ぶ仕事です。

一人暮らしもはじめ、「やっと家から解放され、〝普通〟のサラリーマンになれた！」と晴れ晴れとした気持ちでした。頑張れば数字として結果が出て、高い評価がもらえる。お寺の後継ぎとしてではなく、僕個人としての実力や存在意義が認められた気がして、「そうそう、こういうことがやりたかったんだよ！」と感じていました。

査定でA評価をもらうことをモチベーションに契約を取りまくり、1年ほど経《た》った頃には、新人としては異例といわれるほどの数字を出せるようになっていました。

そんなある日の営業会議のこと。僕はこの時も目標を上回る成績を残していたので、褒《ほ》められるだろうと思っていました。

ところが、僕の発表を聞き終わった所長が静かにこういったのです。

「君の仕事からはハートが伝わってこない」「本当に数字を伸ばしたいなら、もっと患者さんのことを考えないといけないよ」

A評価をもらっているのに注意を受けたことが、最初は納得できませんでした。でも「患者さんファーストのほうが数字が伸びる」というアドバイスだったので、「数字が出るなら」と、仕事のやり方を変えてみることにしました。

仕事は誰のためにする？

素直に行動したことで得た気づき

それまでの僕は、電話対応ひとつとっても、患者さんより医師からの問い合わせに力を入れていました。リソースは限られているのだから、リース契約の相手である医師への対応を優先すべきだと思っていたからです。

所長からアドバイスを受けて以降は、まず患者さんのことを考えるようにしました。病院より先に患者さんの自宅へ行って機器の使用状況を確認したり、医師との商談タイムには新商品のＰＲより先に患者さんのリアルな声や治療状態について話をしたり……。

仕事のやり方を変えた当初こそ、営業成績は下降気味になりましたが、３カ月も経つと元に戻り、契約も取れるようになってきました。

でも、それまでとは数字の意味がまったく異なっていたのです。

医師優先だった頃は、他社より価格を下げたり接待をしたり、駆け引きの末に勝ち取る数字。

患者さん優先にしてからは、「患者さんが笑顔になるから」「古溪さんと一緒に仕事をすればよりよい医療ができるから」と信頼のうえに成り立った数字。


「そうか、仕事って、世のため人のためにするものなんだ」


これまでの価値観が変わり、バッと視野が開けたような経験でした。

この経験から得たもう一つの大切な気づきは、「人の話は素直に聞くこと」。上司の声、患者さんの声……。「そうかな?」と思う意見にも、まずは耳を傾けてやってみる。素直さが道を開くきっかけになることもあるものです。

成功哲学書を読みあさりたどり着いたのは仏教の「利他の心」

「僕が世のため人のためにできる仕事ってなんだろう」

入社3年ほど経った頃から、そんなことを真剣に考えるようになりました。お世話になった所長はもちろんのこと、同期社員にも、「医療機器を通じて世の中をよくしたい」と本気で考えて働いている仲間がたくさんいました。

でも僕にとっては、正直そんな志《こころざし》もなく、見栄やプライドで入った会社。帝人の会社や社員の皆さんのことは大好きでしたが、僕がやるべき仕事は他にあるように感じてきたのです。

「営業先の患者さんが笑顔になってくれたような仕事に、もっと大きな枠で取り組めないだろうか……」

徐々に「起業」の2文字が頭をかすめるようになり、たくさんのビジネス書や哲学書を読みあさりました。『ビジョナリー・カンパニー』『7つの習慣』『アルケミスト』……。

その中でも心に残ったのが、『生き方』など、稲盛和夫《いなもりかずお》さん（京セラの創業者）の著書でした。

そこにたびたび書かれていたのが「利他《りた》の心」。「他人のためになることをする」という、稲盛さんの経営理念です。

「利他」はそもそも、仏教の教えです。

灯台下暗《とうだいもとくら》し。僕が求めているものは意外と身近にあるのかもしれない……。

そう気づいた瞬間でした。

生きてるだけでOK

般若心経現代語訳ラップがバズった！

起業を考え始めた同時期に、YouTubeを始めました。日常の様子などについて投稿してみるものの、当然ながらまったく反響なし。

なんとかバズらせたいと頭をひねり、自分の特徴ってなんだろうと考えて出てきたのが、中学から続けているラップと、実家がお寺だということ。

そこで、意味はわからなくても多くの人がその名称は聞いたことがあるであろう「般若心経《はんにゃしんぎょう》」を、僕なりの解釈で現代語に訳し、ラップにすることにしました。

ひたすら般若心経の言葉と向き合い、意味を調べ、そこに込められたメッセージを読み解く……。今思い返せば、真剣に仏教について考えた初体験は、ここかもしれません。

「苦しみ　辛《つら》さ　悲しみ　全部　幻」
「生きてるだけで先《ま》ずは、まぁ０Ｋ」

僕なりの解釈でラップにした般若心経の動画をＹｏｕＴｕｂｅに上げたところ、瞬《また》く間に10万再生突破！
「救われた」「心に響いた」など、動画を見たたくさんの人からコメントをいただきました。
その反応を肌で感じて、「あ、僕のやるべきことはこれだ」「僕なりの言葉や方法で仏教について伝えたい」と強く思いました。

バズりたいという煩悩《ぼんのう》全開の思いがエネルギーとなって、生きる道を照《て》らしてくれたのですから、人生には煩悩も必要ですね。

あなたの喜びは、誰かの涙の種

正義と悪

あなたが憎む人は、誰かの愛する人

その先へ

修行僧は「雲水《うんすい》」と呼ばれる。
流れゆく雲や水のように形を留《とど》めず
生命や世界と心から向き合い、真理を追い求める。
澱《よど》みない清らかな心ですべてを見据え変化し続ける。
立ち止まるのは退化と同じ。
先へ、そのまた先へと
可能性を追い続けていきたい。

他人軸の評価で生きることへの疑問

コロナ禍に修行へ

仕事のスタンスが変わり、営業成績は好調、上司同僚にも恵まれていましたが、僕はだんだんと満たされないものを感じるようになってきました。

営業先や会社からの評価。同僚や他社との営業競争。ＳＮＳの「いいね！」の数……。他人からの評価に一喜一憂《いっきいちゆう》する日々、何よりも、そんな他人軸の価値観を手放せない自分自身に疑問を抱くようになってきたのです。

そんな時、世の中を大きく揺るがす出来事が起きます。

新型コロナウイルスの出現と流行です。

営業の仕事として病院に出入りしていたため、「これはとんでもないことになる」という気配《けはい》を察知《さっち》するのは、他の人より早かったかもしれません。

世界的な危機の中で、僕は無力でした。仕事柄、医療に携《たずさ》わっているとはいえ、医学の知識があるわけでもなく、未熟ないち営業マン。

今の自分にできることがないのであれば、右往左往《うおうさおう》しても仕方がない。このエポックメイキングのあとの世界で、少しでも世のため人のためになることができたら……。

そう考えた僕は、2021年2月、曹洞宗《そうとうしゅう》大本山永平寺《ほんざんえいへいじ》に上山しました。

1年3カ月の修行に入ったのです。

休憩なしの修行の日々
身にしみて感じる自由な時間の貴重さ

修行中は、4時の起床から22時の就寝まで、いつ何をやるかが明確に決まっています。基本は、お経《きょう》、座禅《ざぜん》、食事、掃除の繰り返しです。

食事は精進《しょうじん》料理ですが、食べる順番や食べ方も決まっていて、皆で同時に食べ始め、同時に食べ終わらなければいけません。

すべての時間が修行なので、休憩もなし。

そんな生活で**僕が何よりもつらかったのは、自由時間がないこと**。

修行に行くまでは、「寒い中の座禅が大変だろうな」とか「精進料理ばかりの生活でやっていけるかな」とか、そんな心配ばかりしていて、まさか時間について苦しむことになるとは思ってもいませんでした。

「好きなことができる時間があるって、なんて素晴らしいのだろう」と、しみじみと感じました。失《うしな》って気づくとは、まさにこのことです。

修行のおかげで、時間の尊《とおと》さを実感できるようになりました。

好きなことができる時間は全力で楽しむ。やるべきことを、後回しにしない。限りある時間の中で芽吹《めぶ》いた縁《えん》を大切にする……。

この世のすべてものは変化し、いつか終わりを迎えます。

時間も同じ。僕たちの時間は永遠ではないのです。

修行を終えても僕は僕のまま
でもそれでいい

他人軸で評価される競争の日々に疲れた僕は、会社を辞《や》め、ワクワクした気持ちで修行に行きました。修行をすれば、悟りが開けて、あさましい自分が生まれ変わるのではないか。修行をすれば、格が上がり、特別な人になれるのではないか……。そんな期待があったからです。

1年3カ月、僕なりに真面目《まじめ》に修行に取り組みましたが、結論から言えば、僕は僕のまま。どんなにお経を読んでも座禅をしても、東京ドーム7個分ほどの広さがある永平寺を掃除しても、迷いや苦しみを超越したスーパーマンにはなれませんでした。むしろ修行をすればするほど、自分が悟りとはほど遠い未熟者であることがわかるばかり。

でも、大きな気づきもありました。

それは、僕は僕のままでいいのだということ。何者かになることを目指す必要はなく、**僕は僕のまま生きていていいのだ**ということです。

競争することや他人と比べることも、それ自体が必ずしも悪ではないと、とらえるようになりました。切磋琢磨することによって、周囲とともに成長できることもあるからです。

でも、自分を評価するのは自分でいい。**A評価が欲しいなら、自分で自分にA評価を出してあげればいいだけの話です**。

そんな気づきとともに永平寺をあとにし、娑婆《しゃば》に戻った僕は、特別な人にはなっていないけれど、以前と比べて、ずいぶんと生きやすくなりました。

仏教は、生きやすくなる視点や考え方を、僕に与えてくれたのです。

ＴｉｋＴｏｋ僧侶の誕生

「生き方・僧侶」を目指す

仏教の教えは、「長くて、つまらなくて、難しい」といわれます。それを、「短く、楽しく、わかりやすく」伝えることができたら……。

そんな僕の願いにぴったりなプラットフォームがＴｉｋＴｏｋでした。

ＴｉｋＴｏｋで仏教について話したり、キャバクラ嬢と対談したり、ラップをしたりしていると、「お坊さんがそんなことやっていいの？」と「お坊さんらしくない！」という声をいただくことがあります。

お坊さんらしさって何でしょうか。

お寺で法事をすることでしょうか。葬儀場に出向いて、お経を呼んだり戒名《かいみょう》をつけたりすることでしょうか。

確かに葬儀をはじめとする法要《ほうよう》を行うのは、僧侶の大事な仕事です。法要はご先祖様との縁を感じて、命に感謝する機会になるからです。

でも、**お経を読んで戒名をつけるだけなら、ロボットやＡＩでも十分事足ります**。

本来のお坊さんの役割は、人々の苦しみや悩みに寄り添い、仏教の法話を通して、生きていることそれ自体の尊さを感じてもらうことです。

僧侶本人が一生懸命生きていないと衆生《しゅじょう》（人間をはじめとする命あるものすべて）を救う話や行いはできません。

だから僕は「職業・僧侶」ではなく、「生き方・僧侶」を目指したいのです。

僧侶を生活手段にしたくない「お坊さんらしくないこと」やる理由

「職業・僧侶」とは、お墓の管理や法要など、お寺の仕事だけで生活をすること。**「生き方・僧侶」とは、お寺の外にも活動や経済の基盤を持ち、仏道を歩むこと**。僕の中の定義です。

「職業・僧侶」になると、お寺の中だけで仕事をし、そこで見聞きした価値観の中から法話《ほうわ》をし、檀家《だんか》さんからのお布施《ふせ》で生活することになります。

もちろん、それで素晴らしい活動をされている僧侶もたくさんいらっしゃいます。

でも僕は未熟者なので、「職業・僧侶」になったら、檀家さんとお話しする時間や法要をお金に換算するようになってしまうかもしれないし、お寺の外で生きる人たちの悩みを理解できなくなってしまうかもしれない……。

だからこそ、実家のお寺運営以外にも〝飯《めし》の種《たね》〟を持ち、世間からは「お坊さんらしくない」といわれることにも積極的に関わって、さまざまな価値観に触れて生きていきたいのです。

平日は東京で生活し、週末だけ実家である群馬の雲門寺に帰る、という生活を続けているのもそのためです。

娑婆でのポリシー
いつでもどこでもお坊さんアイテムを

永平寺での修行を終えた今でも、尊敬する僧侶のお寺に1週間ほど滞在して〝プチ修行〟をすることがあります。

生活をともにすることで、その人の考え方や生き方をより深く理解できるようになるからです。

僕が先輩僧侶から学んだことは数えきれないほどありますが、特に日常の中で意識していることを2つご紹介します。

「お坊さんアイテム」を身につける

人生24時間365日が修行。お寺を離れている時も、そのことを忘れないようにいつでも法衣《ほうえ》（僧侶が着用するもの）を身につける。袈裟《けさ》を毎日着続けるのは難しいので、僕はいつも雪駄《せった》を履《は》くようにしています。洋服の時も雪駄です。

仏教本を頼りすぎない

本から仏教を学ぼうとすると、本を読むだけですべてを理解した気になってしまうことがある。だから、どんなに名著とされている本であっても、読むのはほどほどに。本よりも、実際に出会った人々の人生に耳を傾けて、自分の言葉で伝えるようにしています。

この2つの教えを、娑婆での僕のポリシーとして取り入れています。

一生懸命生きる　それが僕たちの使命

「すべての人が、生きていることがありがたいと思える世界をつくる」
「僧侶自身が自分らしい仕事とお寺の法務を両立できる世界をつくる」

これが僕のビジョンであり使命です。

「使命なんて大げさ」「自分の使命がわからなくて不安」……。
そんなふうに思う人もいるかもしれません。

使命は人生の課題や負荷、修行ではなく、生き方そのものです。

「命を使う」と書いて、「使命」。

仏教では広い宇宙の仕組みの一部に命があると考えます。

あなたは、どんなことに、どんなふうに、命を使いたいですか？
慌《あわ》ただしく、悩みも多い毎日ですが、ふと立ち止まって、自分の命の使い方について思いを巡らせてみると、思っている以上に、僕たち一人ひとりの人生は輝《かがや》きに満ちていることに気づくはずです。

生い立ち フォトアルバム —1—

上）両親と実家のお寺にて。どちらにも似ていると言われます。右）1歳。初めて立った時の記念写真です。ぶらさがっているひもは、赤ちゃん用リード。ハイハイの時から活発で、目を離すとどこかに行ってしまうので、外出時にはいつもリードをつけていたそうです。

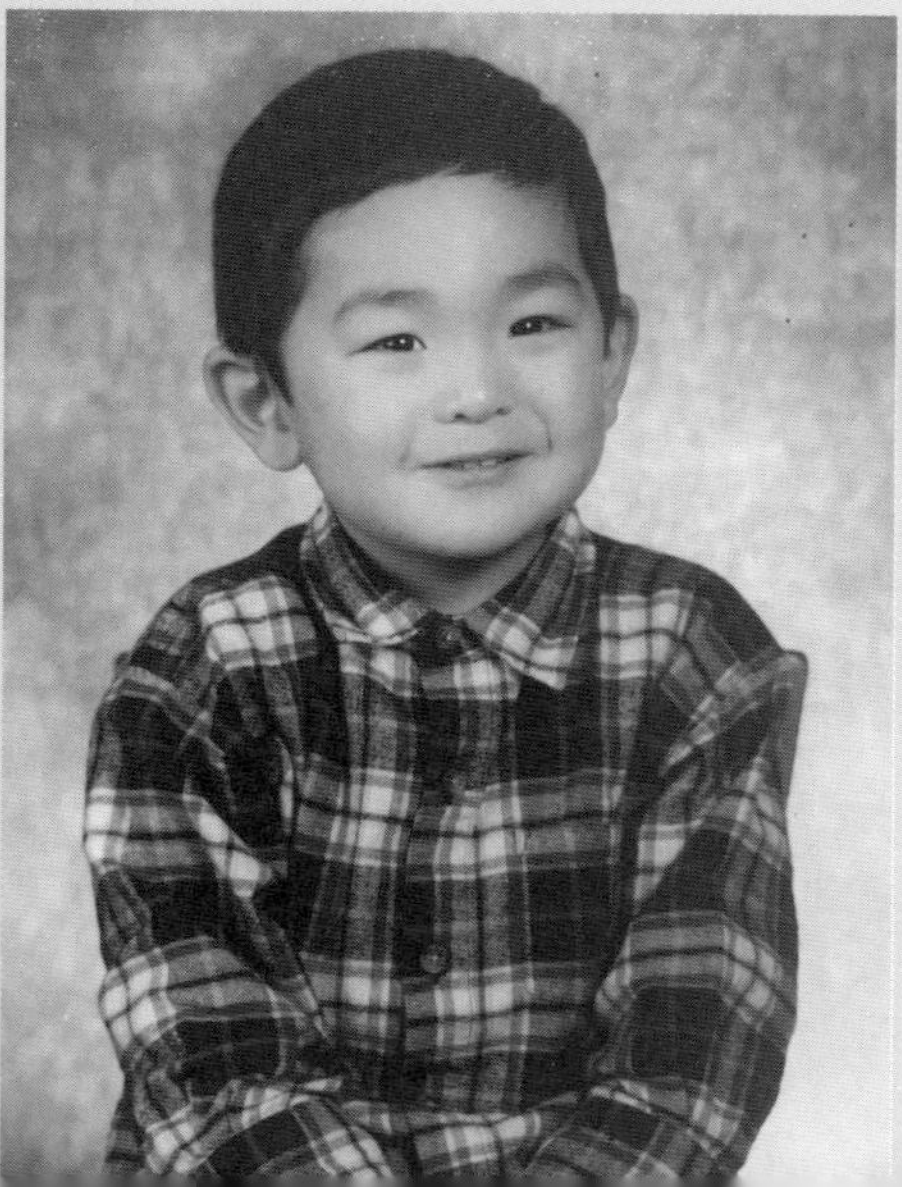

上）生まれた直後から小学校に入るまで過ごしたサンフランシスコ。左）英語がまったく話せないまま、現地の幼稚園に入園。先生やクラスメイトとコミュニケーションが取れず苦労もあったけれど、誰とでも物怖じせずに話せる性格や、常識にとらわれず多様の価値観を大事にしたいという考え方のベースは、ここで培われたのかもしれません。

先生の話していることがわからないまま、無理矢理幼稚園のハロウィンイベントに参加させられた時の様子。お寺の息子なのに……。

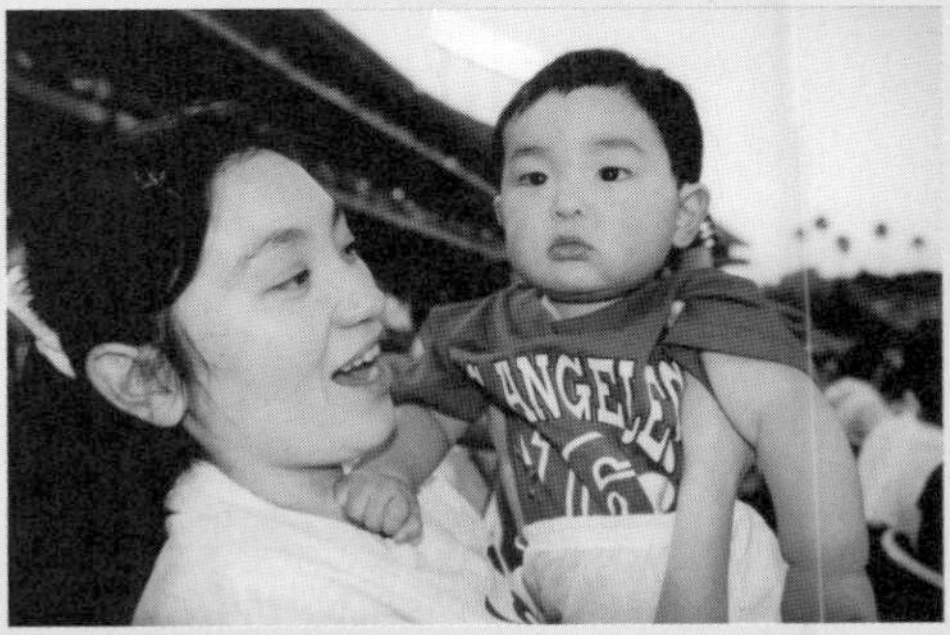

カリフォルニア州のドジャースタジアムにて。子どもの頃から野球はやるのも観るのも好きです。

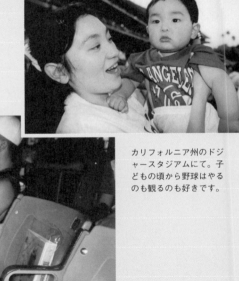

アメリカから帰国し、日本の公立小学校に入学。まさかこの6年後に中学入試全滅という挫折が待っているとは……。

生い立ち
フォトアルバム
—1—

いずれお寺を継がなければいけないことはわかりつつ、自由を求めてもがいていた高校時代。
野球部に入部して、土日祝日も野球ばかりの日々。部活を理由に、家業の手伝いから逃げていました。

高校最後の部活の大会。大学はエスカレーター式で進学できたため受験勉強をする必要もなく、かといって、心からやりたいことも見つからず、時間を持て余していました。

高校3年の体育祭。野球部引退後なので、髪を伸ばしています。青組の応援団長をやったので、この日1日だけ髪を青く染めました。

第二章

縁起

すべてのものには、必ずそれを生んだ
因と縁とがあり、相互に関係し合っている。
人も物事も、それだけで存在することはない。

「ご縁」とは何か？
永平寺の修行で得た悟り

永平寺《えいへいじ》での修行中は、「寮舎《りょうしゃ》」という、部署のようなところに配属されます。寮舎は20ほどあり、3〜6カ月で異動します。

僕は、最後の半年は、「真行《しんなん》」に配属されました。道元《どうげん》禅師や歴代の住職が祀《まつ》れている「承陽殿《じょうようでん》」を管理し、お護《まも》りする部署です。

承陽殿はとても神聖な場所で人の出入りも少ないので、日々、大きな変化がありません。また、それほど広くはない場所を毎日掃除しているため、いつもきれいです。

それでも、半年間毎日同じ場所を同じように掃除していると、ほんのわずかな移《うつ》ろいを感じるようになります。吹き抜ける風が温かくなった、雑草が生えた、木に新芽が芽吹《めぶ》いた、美しく咲いていた花が散っていった……。

小さな変化を感じると、そのすべてが愛《いと》おしくなります。

そして、ある日僕はハッと気づきました。

「ご縁」とは、こういうものなのだ、と。

縁は特別なものではなく、この世のあらゆるところに存在しています。でも「ここに素敵な出会いがありますよ！」なんて、大きな声で知らせてはくれません。

縁が繫《つな》がるかどうかは、その存在の尊《とおと》さに気づくかどうか。

この世は無常《むじょう》であらゆるものは常に変化していますから、気づかないまま消えていく縁も多々あるでしょう。

縁を意識して生きる人に、縁は訪れるのです。

すべての出会いは等しく尊い
尊敬する者同士の間で縁起は深まる

仏教ではすべての出会いは等しく尊《とおと》いと考えます。

愛《いと》しい恋人も、たまたまレジを担当してくれたコンビニの店員さんも、出会えたことの尊さは等しいのです。

常に「出会ってくれてありがたや」という気持ちを持つと、縁に気づきやすくなり、出会いに恵まれるようになります。

そして、出会ってくれた相手には尊敬の念を持って接すること。

出会った瞬間から相手の尊敬ポイントを探してください。

尊敬ポイントとは、学歴とか役職とか経済力とかではありません。

その人がこれまで生きてきたこと、今目の前に存在して行動したり考えたり

しているこのありがたさに、心を向けるということです。

僕たちは、人と人との関係性の中で生かされていますから、すべての人の存在に感謝することは、自分自身の存在のありがたさに気づくことにつながります。

家族にも、次にいつ出会うかわからない店員さんにも、あらゆる人に感謝と尊敬の気持ちで向き合うことは、巡り巡って、あなた自身を労《いた》わることになります。**相手を敬《うやま》うことは、相手のためではなく、実は自分のセラピーにもなる**のです。

すべての人の尊敬ポイント見つける習慣が身につくと、嫌いな人や苦手な人がいなくなり、ストレスフリーで生きやすくなりますよ。

挫折からの学び1

優秀キャラ崩壊で無断欠勤

新人研修を終えたばかりの新社会人だった頃、僕は営業先から依頼されていた作業を終えないまま休暇に入って、トラブルを起こしてしまったことがあります。

あとからでも何とかなるだろうと引き継ぎをせずに沖縄旅行に行ってしまい、僕が不在中にお客様から問い合わせがあって、営業所中に大きな迷惑をかけてしまったのです。

当時自分のことを、何をやっても80点くらいの結果は残せる〝器用優秀キャラ〟だと思っていた僕は、どんな顔で職場に行けばいいのかわからなくなってしまい、休暇明けに無断欠勤をしてしまいました。職場から何度もかかってくる電話にも出ることができず……。

そんな時、状況を知った同僚が連絡をくれました。

「気持ちはわかるけど、今会社に行かないと、もうずっと行けなくなるよ」と。

その言葉に背中を押されて何とか家を出たものの、職場と家の周りをウロウロ。やっと営業所のドアを開けたのは、21時を回った頃でした。

まだ残っていた所長に、激怒されることを覚悟して頭を下げた僕。

所長の第一声は**「大丈夫か？」**でした。

挫折からの学び2
失敗を失敗のまま終わらせない

あの時の自分にとってはこの世から消えてしまいたいと思うほどの挫折《ざせつ》。上司や同僚の愛あふれる対応によって、大げさではなく本当に、心と命を救ってもらったと思っています。

自分の力でそこそこ何でもできるなんて思い上がりで、周囲の人に見守られ、助けられて生きているのだと、しみじみと実感した出来事でした。

また、当然ではありますが、この件以降、僕は人一倍、引き継ぎ作業をしっかり行うようになりました。

「できることを後回しにしない」「報告や連絡をていねいに」

仕事をするうえで大切なことが頭に叩《たた》き込まれたのは、この失敗があったからこそ。

お客様や職場には迷惑をかけてしまいましたが、消えてしまいたいと思ったほどの出来事も、今ではあれがあってよかったと思える経験になっています。

・やってしまったミスはしっかり謝《あやま》る。
・できる限りの対応をとったあとは、謙虚《けんきょ》にはなるけど卑下《ひげ》はしない。

失敗のあと、もう失敗しないようにと萎縮《いしゅく》したり、私なんてと卑屈《ひくつ》になると、かえって周囲に気を遣《つか》わせてしまいます。

失敗を失敗のまま終わらせないのは、その後の態度次第。

そういう前向きな姿勢で生きていると、人や仕事の縁が巡ってくるものです。

悪口を言ってしまったら3倍褒める魂を輝かせる習慣

他人を揶揄《やゆ》するような会話でついつい盛り上がってしまうけれど、自分のことは言われたくない……。そんなわがままな心は誰もが持っています。

「悪口」と「必要な指摘」の線引きはどこでしょうか。

よかれと思っての指摘だったとしても、自分が受け取った時に傷ついたり、不快になったりするような言葉や口調《くちょう》であれば、それは悪口です。

少々の毒舌はユーモアとして成立する場合もありますが、誰かが嫌な思いをすることがないように、日頃から言葉遣いには気をつけたいものです。

もし悪口を言ってしまったら、ペナルティとして、発した対象への褒《ほ》め言葉を3つ考えてみましょう。「以前優しくしてくれた」とか「歌が上手」とか、どんな小さなことでもOK。

それが習慣化すると、自分が嫌だと思う相手も、少しずつ受け入れられるようになっていきます。

嫌いな相手を褒めることは自分の魂《たましい》を輝かせる行いです。今日からぜひやってみてください。

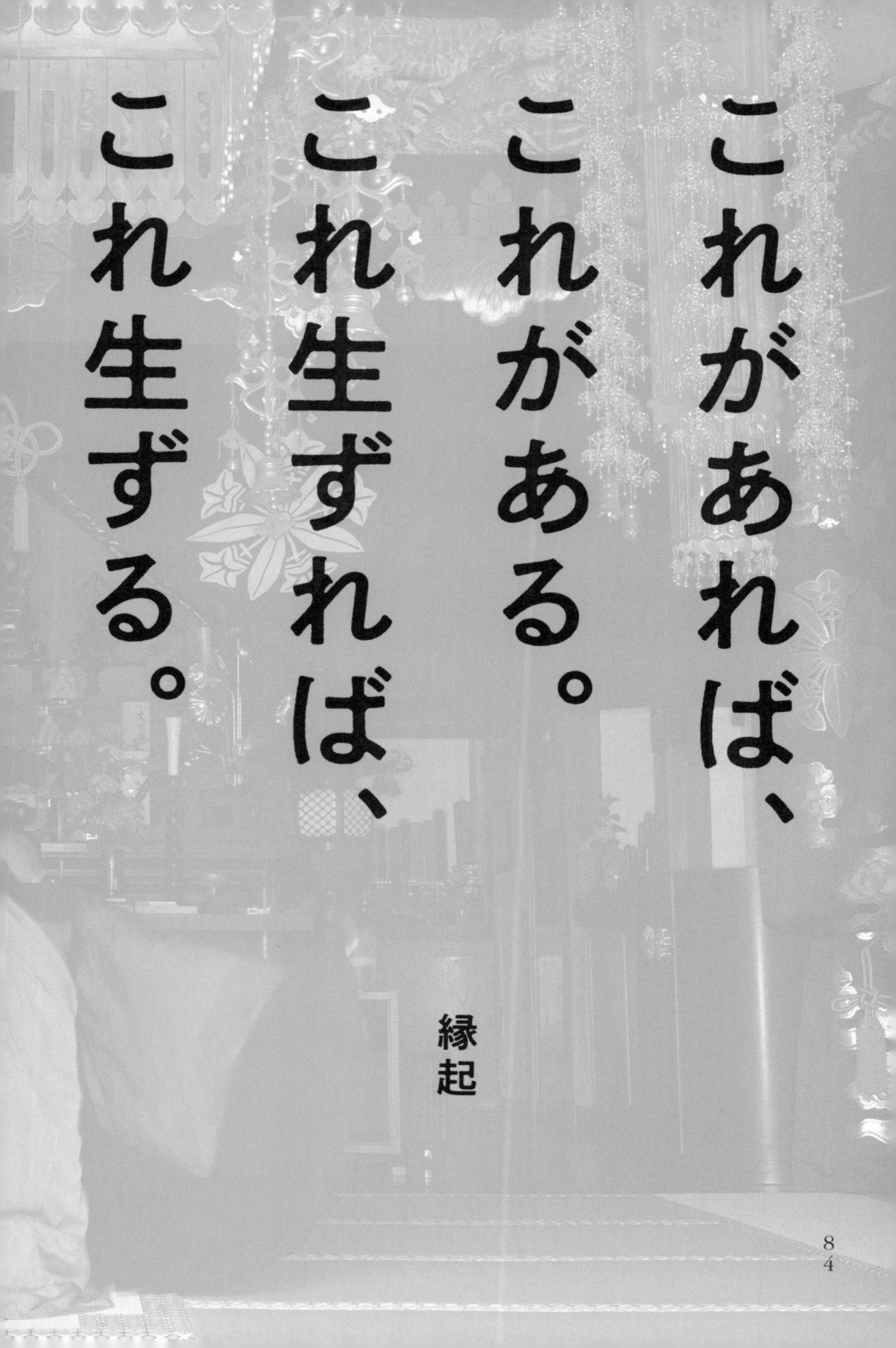

これがあれば、
これがある。
これ生ずれば、
これ生ずる。

縁起

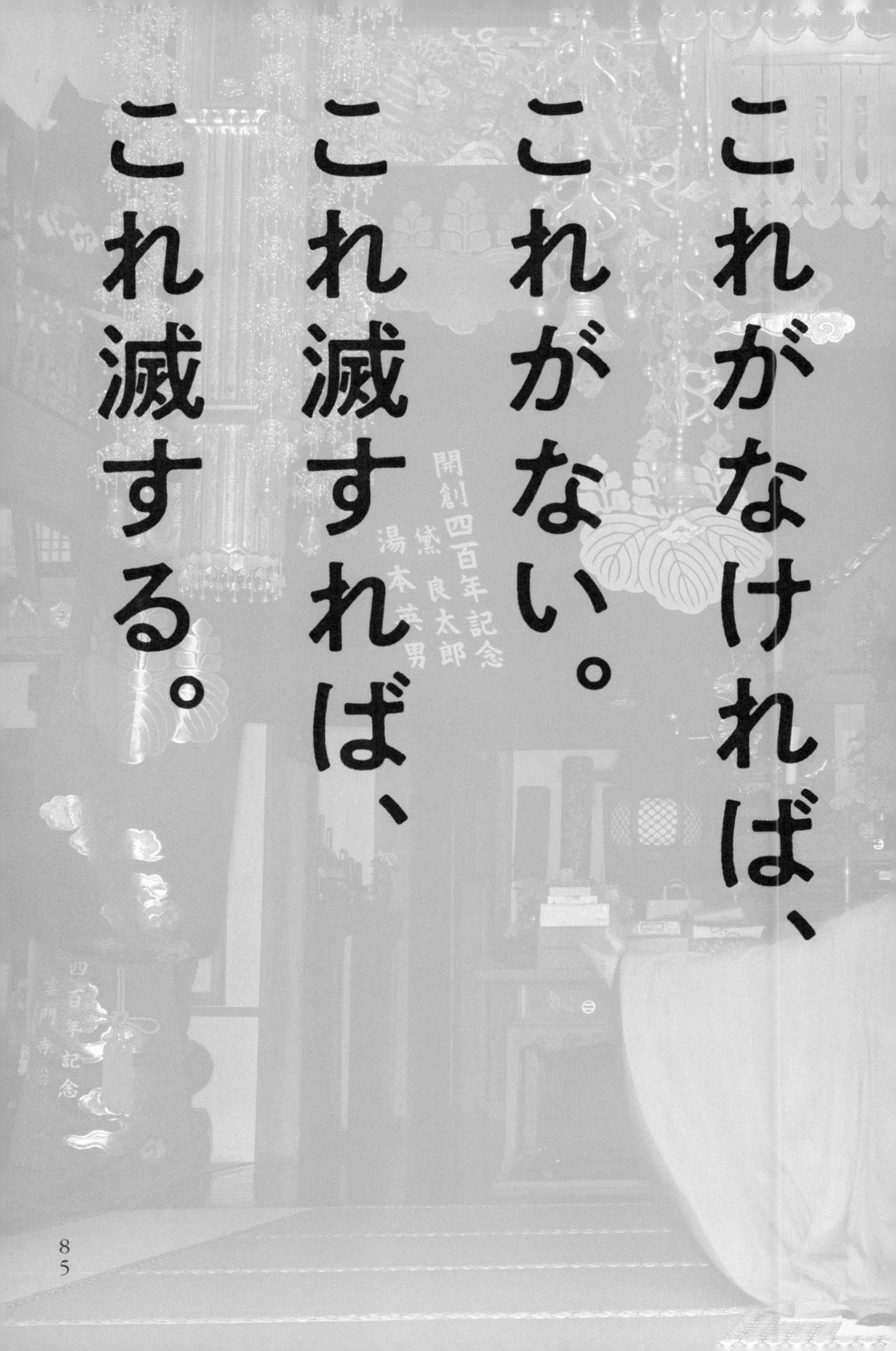

これがなければ、
これがない。
これ滅すれば、
これ滅する。

執着

他人や何かを拠《よ》り所にするのは
片足で立っているのと同じです。
もし、その拠り所が
自分の人生から去った時
その片足への負荷が重ければ重いほどに

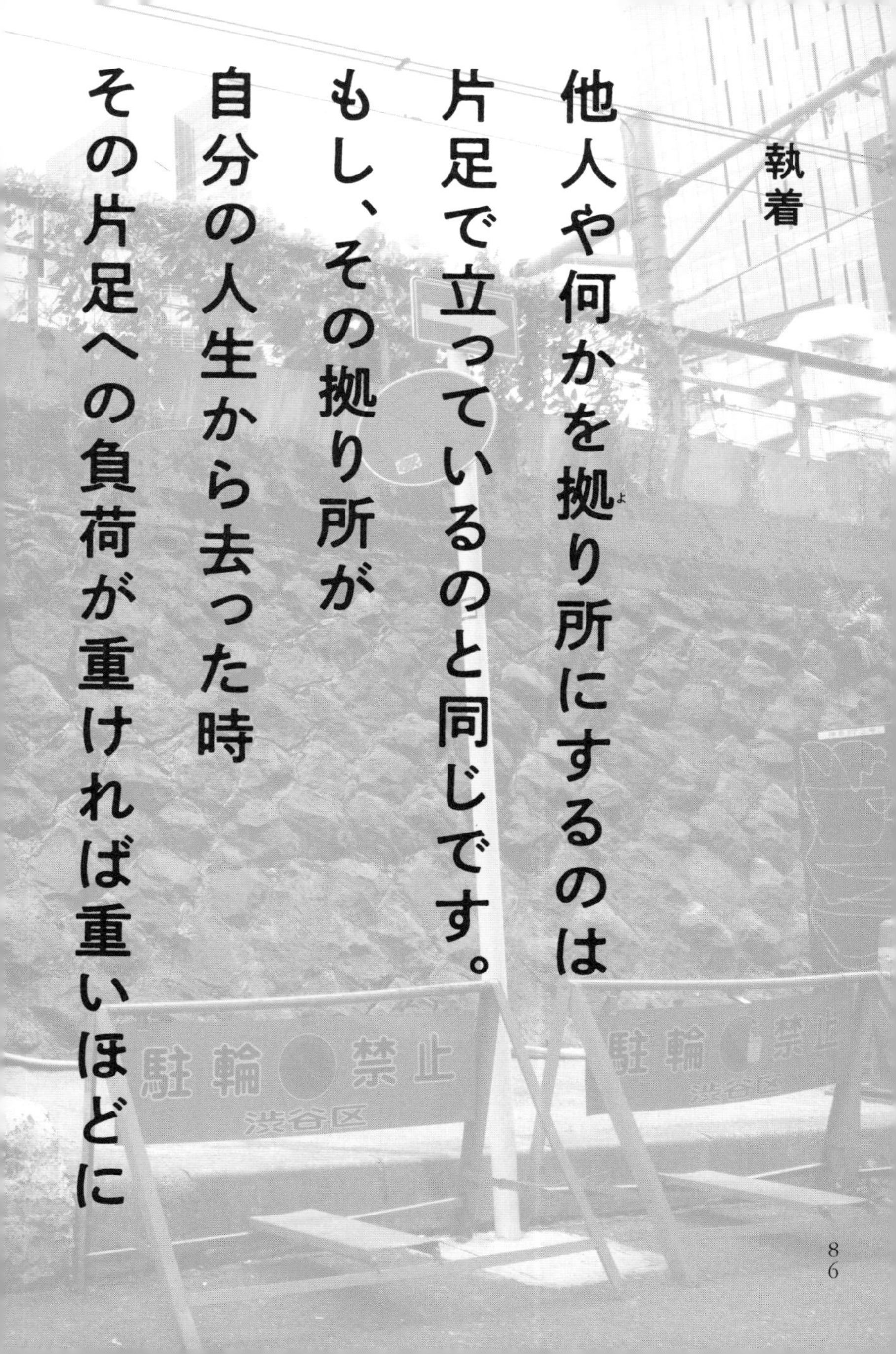

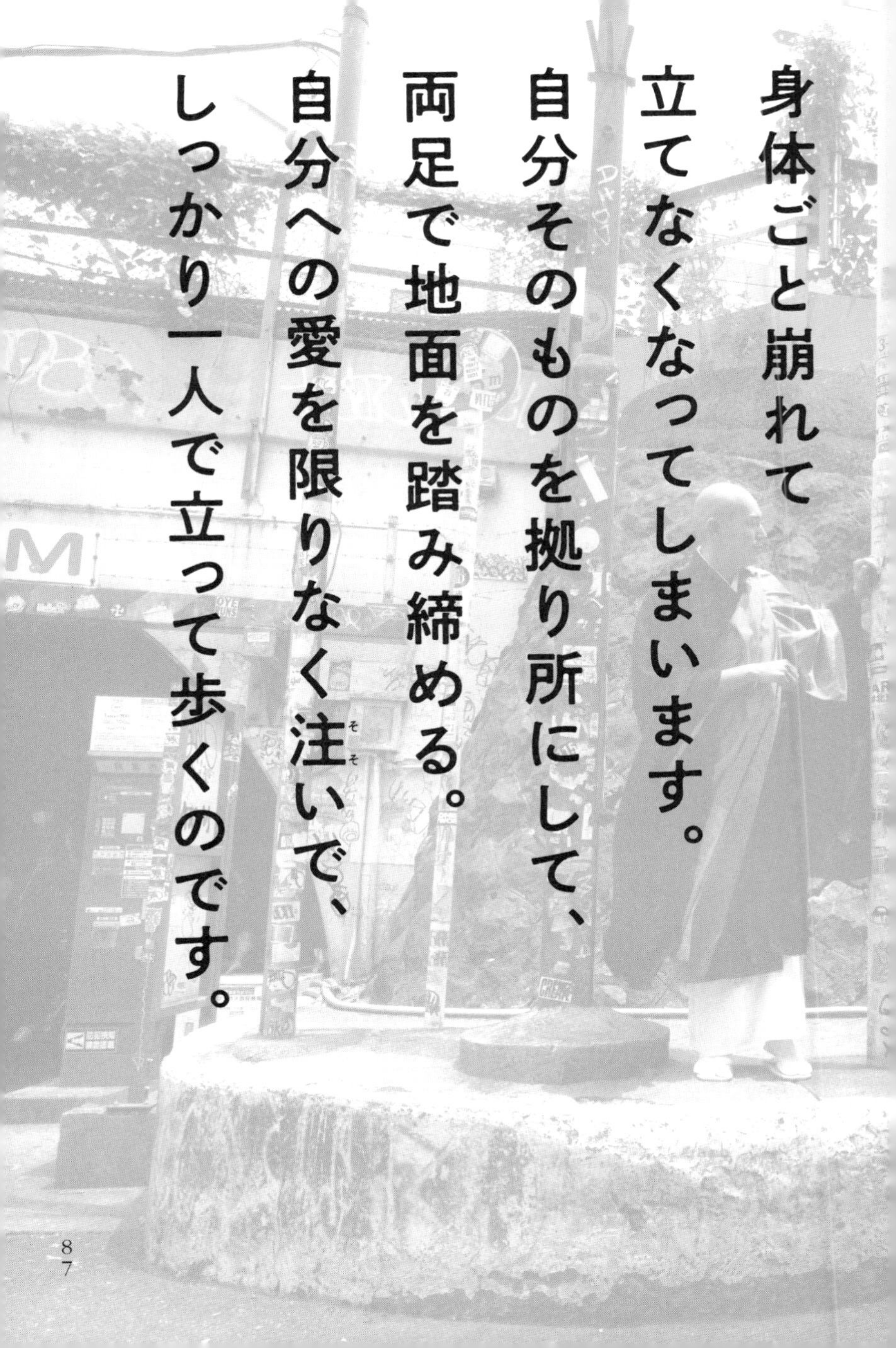

身体ごと崩れて
立てなくなってしまいます。
自分そのものを拠り所にして、
両足で地面を踏み締める。
自分への愛を限りなく注《そそ》いで、
しっかり一人で立って歩くのです。

ＳＮＳは最高の布教ツール
仏教と縁がうすかった人とも繋がりたい

ＴｉｋＴｏｋやＩｎｓｔａｇｒａｍなどを通して、仏教や人生のお話をしていると「お坊さんがＳＮＳなんてやっていいの？」と聞かれることがあります。

逆に聞きたい。なぜ、お坊さんはＳＮＳを使ってはいけないのでしょう。

僕は、ＳＮＳは現代にマッチした最高の布教ツールだと思っています。

仏教には、生きることが楽《らく》になり、心が自由になる教えがたくさんあります。

それを伝えて、人生を楽しめる人を増やしたい。

ＳＮＳを活用すれば、若い人や海外の人など、これまでお寺や仏教に縁がう

すかった人たちとも気軽に繋がることができます。

特にＴｉｋＴｏｋは短い動画をたくさん投稿できて、楽しい雰囲気も出せるので、仏教をもっと身近に感じてほしいと考えている僕にはぴったりのプラットフォームです。

実際、ＴｉｋＴｏｋを始めたら、瞬《またた》く間《ま》にフォロワーさんが８万人以上に！お寺で法話を聞きに来てくれるのを待っているだけでは、到底繋がることができなかったであろう、たくさんの縁に恵まれました。

さまざまな人と出会い、一人ひとり異なる人生に触れることは、僧侶とって大切な修行でもあります。そして、修行で得た気づきを、法話を通して衆生《しゅじょう》（世間の多くの人々）に返していく。この法話が僕の場合は、ＴｉｋＴｏｋの動画であったり、ライブイベントだったりもするわけです。

リアルでの出会いも、ＳＮＳを通した出会いも、等しく尊い縁。すべて縁に真剣に向き合っていきたいと考えています。

オンライン法要で
お寺へのアクセスのハードルを下げたい

先日、弱視《じゃくし》の方が亡《な》くなったお子さんの供養《くよう》をしたいと、オンライン法要に申し込んでくださいました。

僕が行っているオンライン法要は、ＬＩＮＥのビデオ通話を繋《つな》ぎ、お寺からお経を上げ、法話をします。

法要を電波にのせるなんてと眉《まゆ》をひそめる人もいるかもしれません。でも、僕がオンライン法要をするのには理由があります。

意外に思う方が多いかもしれませんが、**お寺に来るのは、元気で健康な人が**

多いのです。街中から離れたところにあったり、境内《けいだい》に階段があったりして、お年寄りや体が弱い方には、物理的なハードルが高いからです。付き添いの人に迷惑をかけたくないからと、お寺に来るのを遠慮される方もいます。

また、親族と縁が切れて檀家《だんか》だったお寺に行けなくなってしまったとか、お布施《ふせ》が払えるか心配で行きづらいという方もいます。

今回お子さんのオンライン法要をされた方は、「ビデオで様子もわかって安心したので、今度はお骨と一緒にお寺に行ってみたい」と言ってくださいました。

さまざまな事情でお寺には来られないけれど、大切な人を供養したい……。そんな思いを抱《いだ》く方と亡くなった方、そしてお寺の縁を繋ぐ場として、これからもオンライン法要を続けていきたいと考えています。

LINEで現代版寺子屋
本当の自分を吐露できる場所をつくる

「寺カフェ『対話の部屋』」という公式LINEをオープンしています。LINEの友だち追加をすれば誰でもいつでもアクセスできて、僕に悩み相談や誰にも言えない本音などを送信できる仕組みです。

現代版寺子屋として、心の拠《よ》り所となるような場をつくれたらという思いで始めました。

思いのままを書き出してスッキリされる方もいれば、電話やビデオ相談に進む方もいます。

「もう死にたい」というメッセージが来たので、「大丈夫ですか？　今からお話ししましょうか?」と連絡したところ、「あ、これから仕事で忙しいので!」と元気に通話を切られたこともあります。

でも、それでいいのです。**「死にたい」という思いを吐《は》き出せる場所があることが大切**。

「こんなことを言ったら、嫌われるのではないか」とか「家族や友人には絶対知られたくない悩みがある」とか、そんな感情や事実も、その人の大切な一部分ですから、蔑《ないがし》ろにすれば、自分を見失ってしまいます。

LINEから始まる縁もあります。つらい時や悩んだ時、僕のことを思い出していただける瞬間があったなら、「対話の部屋」にメッセージを送ってください。

●寺カフェ「対話の部屋」
https://line.me/R/ti/p/@468zyvaf

人生にハズレはない
運の善し悪しを決めるのは自分自身

僕は自分のことをずっと運が悪い人間だと思っていました。子どもの頃からジャンケンは弱いし、席替えのくじでも希望通りの席が当ったためしがありません。

永平寺の修行中、担当する役割をジャンケンで決めることがありました。負けた人は身体的に負担の大きい作業を担当することになります。最初のうちは負けると、「ハズレた！」と悔《くや》しく思っていましたが、だんだんと、「この役割ができたから、お経がたくさん覚えられた」とか「これは確かに大変だけど、娑婆《しゃば》に持ち帰るいいネタができたぞ」とか、負けたからこそ得られた経験も増えてきて、ジャンケンが弱いからといって、自分のことを運が悪いと思わないようになっていきました。

結局、**運に善《よ》し悪《あ》しなどなくて、起きた事象の善し悪しを決めているのは自分自身**。ハズレをハズレだととらえなければいいのです。

それに気づいてから、僕は勝ち戦《いくさ》しかしていません。どうしても負けたら困る勝負には挑《いど》まないのも、〝必勝〟テクニックです。

当たりを選ぶのではなく、ハズレをなくす。

そういう行いを繰り返していくうちに、縁起のよい人生になっていきます。

恋愛運がない？
運命の相手は自分で育てる

特に女性から多いのが、「男運が悪い」「〝ダメンズ〟ばかり引き寄せる」という相談です。

「私も恋愛運が悪くて……」と思ったあなた。待っていれば、完璧な白馬の王子様があなたのもとにやってくると思っていませんか？

人は、相互の関係によって存在しています。お互いが影響し合っているということです。

耳が痛い話かもしれませんが、あなたがダメンズに選ばれているのではなく、あなたとの関係性の中で、彼がダメンズになってしまった可能性もあるのです。

逆にいえば、**出会った人を理想の相手に育て上げればいいのです**。「育て上げる」というと上から目線に感じるかもしれませんが、二人で向き合って、お互いが運命の相手になるような関係性を築《きず》き上げていくということ。

出会えたのだから、縁はある相手です。

「こんな人は私の理想の相手ではない！」と切り捨てる前に、まずは出会えたことに心から感謝をして、相手の存在と人生にリスペクトを示してください。

もし、彼がＤＶをしたり、お金の無心を繰り返したり、明らかにあなたの存在価値を軽視するような男であれば、それは本当のダメンズ。

そうなったらさっさとさよならして、新しい縁を迎えましょう。

自分に嘘をつかない
嘘で繋がる関係に幸せな未来はない

人間関係、特に異性関係がうまくいっていないと悩む人に共通しているのは、「自分に嘘《うそ》つく癖《くせ》がある」ということ。

自分の気持ちに向き合わず、言い訳を見つけて本音を隠し続けていたら、よい関係は築けません。

「自分がこの人と、どう幸せになりたいか」

そういう未来像と、あなたはしっかり向き合っているでしょうか。

自分を卑下《ひげ》したり、本音を隠したりすると、ビジョンがわからなくなります。

相手に嫌われたくないとか、とりあえずけんかをしたくないとか、自分の気持ちをごまかし続けてはいけません。自分の気持ちに嘘をついてまで、相手を許したり、相手に尽くしたりしなくていいのです。嘘で維持される関係は、結局のところ、相手も自分も幸せにしてはくれないからです。

嘘をつくことは、仏教では「不妄語戒《ふもうごかい》」といって、固く禁じられています。

あなたがいることも、あなたが抱《いだ》いている感情も、唯一無二《ゆいつむに》の尊いもの。嘘でごまかしたり、なかったことにしても構わないものなんて、この世に存在しません。

相手にも自分にも、嘘をつくのはもうやめて、素直に前向きに生きていきましょう。

やめたほうがいい恋愛関係
相手の変化に期待するのは執着

相手から誠実さを感じられず不満もあるのに離れられない、とっくに壊《こわ》れた関係だとわかっているのに別れられない……。

孤独《こどく》になることを恐《おそ》れていたり、プライドが邪魔《じゃま》していたり、関係を手放せない理由はさまざまですが、**悪い縁を手放すことは、幸せになるための最重要課題**です。

このままでは幸せになれないとわかっているのに付き合いをやめられない、相手の人間性の変化を期待して離れられないのであれば、それは立派な「執《しゅう》着《ちゃく》」です。

執着や執念は軽視されがちですが、すべての悩みの根源ともいえる、強大で恐ろしいもの。

まずは自分が執着している状態であることを認めてください。

頭の中だけでうまくいかなければ、誰かに話を聞いてもらうとか、今の状態や感情を書き出すのもいいでしょう。

「愛ではなく執着」であることを認められると、徐々に〝恋は盲目〟モードが解除され、曇《くも》りなき目で相手を見つめられるようになります。その頃には、正常に判断する力が戻ってくるので、他人への執着や依存をやめられます。

尽くし方を間違えない
楽しみながら相手を慈しむ

「恋人に尽《つ》くしているのに浮気された」「友だちに尽くしているのにドタキャンされた」……。

もしかしたら尽くし方が間違っているのかもしれません。

「自分みたいな人間は頑張って尽くさないと大切にされない」「尽くさないと嫌われてしまうかもしれない」

そんなふうに思って、相手と向き合っていませんか。

ビクビクしながら相手に尽くすと、大切にされるどころか、むしろ軽視され、支配されやすくなってしまいます。

「自分は大切な存在である」と、ほかでもない自分自身が一番認めてあげることが大事。

嫌なことは嫌と言えて、楽しみながら相手を慈《いつく》しむのが、正しい尽くし方です。相手より、まず自分の心を大切にしましょう。

自分の心が大切にできない関係なのに、相手を手放すことができないのは、愛ではなく執着《しゅうちゃく》です。

仏教では、執着や煩悩《ぼんのう》を手放すほどに人生はよくなっていくと考えます。

手放すのは勇気がいることですが、逆にいえば、何かを手放さないと新しい縁を引き寄せる余地もなく、人生が前に進みません。

お互いの心を大切にしながら慈しみ合う。それができない関係なら手放す。その勇気を持つことで、人生は好転していきます。

持っていなければ、それを求めて苦しみもがき持っていても

無限欲

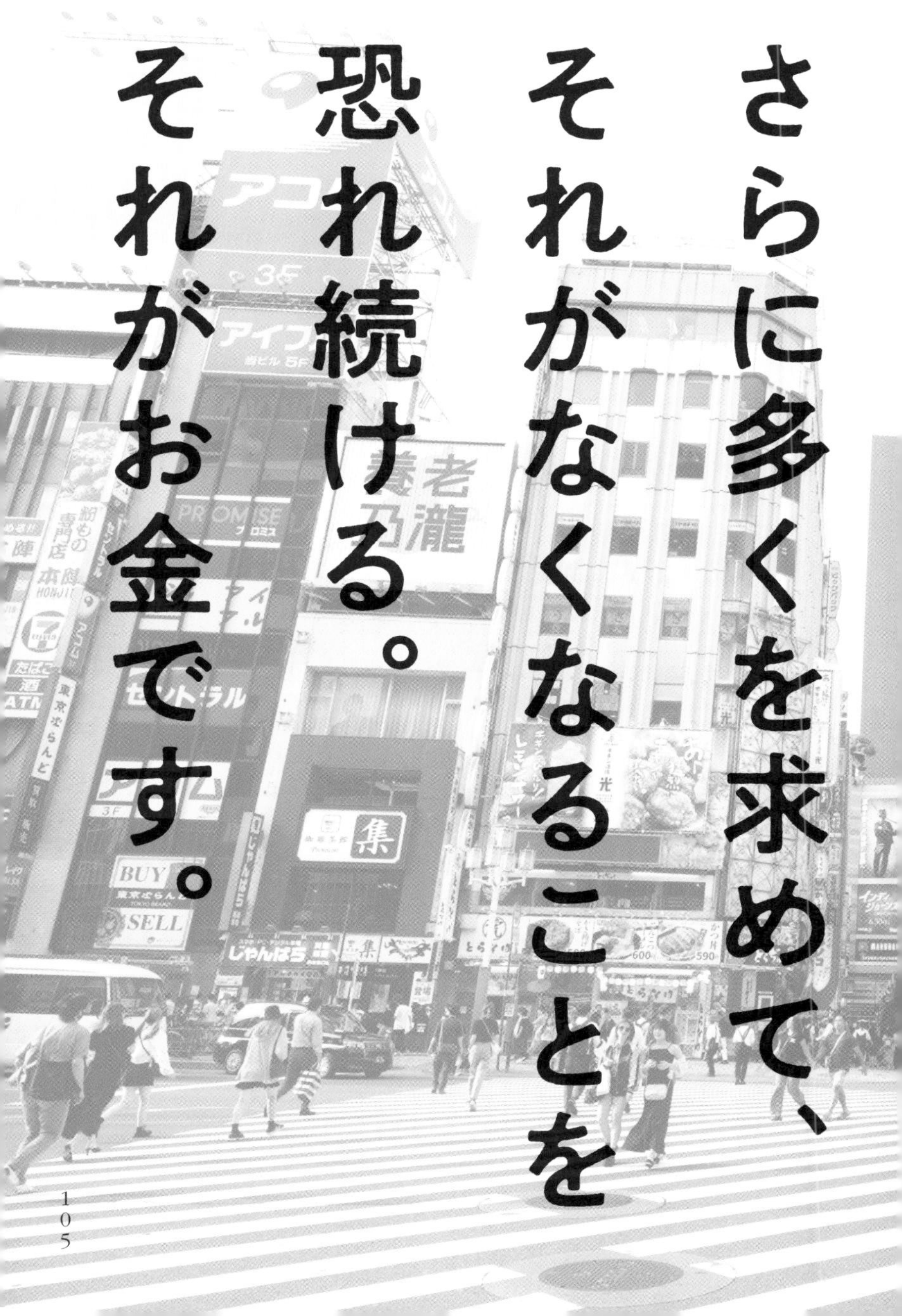

さらに多くを求めて、
それがなくなることを
恐れ続ける。
それがお金です。

捨てる勇気

たとえ手放したとしても、
必要なものは
あなたのもとへやってきます。

「色即是空《しきそくぜくう》　空即是色《くうそくぜしき》」

自分の中にできた空間には、

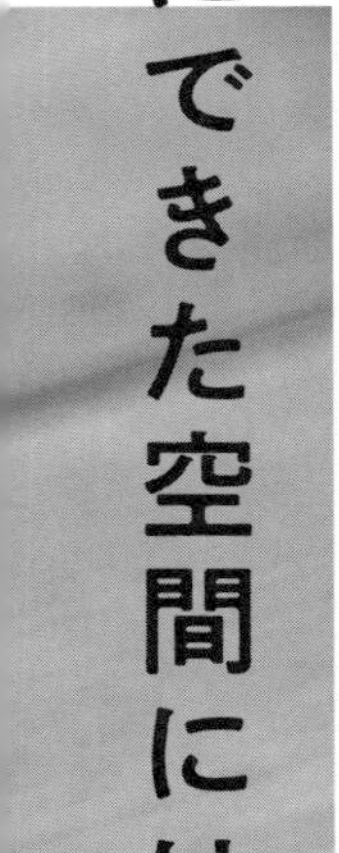

新しいものが
必ず流れて
入ってくるから。

元カレ元カノとの別れは乗り越えようとするからつらい

何を食べても何を見ても、「ああ、あの人と共有したかった」と落ち込んでしまう。「もうあんなに人を愛することはできないかもしれない」と、新しい恋愛に踏み出すことができない……。

「別れた恋人を忘れることができない」というのは、とても多いご相談です。

恋人との別れは、心に大きな穴を開けます。

でも、その穴が永遠に同じ形のまま残ることはありません。

今抱《かか》えている苦しさや寂《さび》しさを、乗り越えなければいけないと思うからつらいのです。

一切《いっさい》のことは、人生においてただ通り過ぎていくのみ。

悲しいこともつらいことも、すべては過ぎていく風景の一部に過ぎず、**あなたを幸せにできなかった元恋人は、あなたの人生の一部に過ぎません**。

人の心も出会いも別れも、変化は必然で、そこに大した意味なんてないのです。

人間関係も恋人関係も諸行無常《しょぎょうむじょう》。

永遠に同じことが続かないからこそ、相手を好きだった自分、一緒に過ごした時間、今抱えているつらさもすべて、かけがえのない尊いものになるわけです。

恋する気持ちは止められないのに
不倫や浮気はなぜいけない？

仏教で、不倫や浮気は「邪淫《じゃいん》」という言葉で表します。

邪淫は人の頭を鈍《にぶ》らせて、正しい道から外《はず》れ、魂《たましい》のレベルを下げるとされており、仏教では固く禁止されている行いです。

特定のパートナーがいようがいまいが、出会った相手を素敵だな、と思う心を否定することはできません。

でも、せっかく人間に生まれたのだから、知性を放棄した行動は慎《つつし》むべきです。

特に、既婚者が他の人に手を出すのはダメ。

本能としての渇望《かつぼう》はわかりますが、結婚するということは、その煩悩と向き合うことでもあるからです。

何かを捨てることができない人は、何も成し遂げることができない人。**捨てられない生活や立場があるなら、手を出してはいけない領域もあります。**

何が一番大切なのか、考える知性と判断力を持ちましょう。失《うしな》ってからでは遅いのです。

恋する気持ちは自由だし、人生の主役は自分自身。

でも、誰かを傷つけたり、誰かの時間を奪《うば》ったりして手に入れた愛の先に、幸せな結末は待っていません。

未練は心を不自由にする
諦めるのは悪いことじゃない

「別れた恋人のことが忘れられない」「不採用だった会社への就職が諦《あきら》めきれない」……。恋心や憧《あこが》れの対象物への執着心はなかなか捨てきれないもの。

でも、**未練は心を不自由にします**。

「諦める」「断念する」ことを、悪い意味でとらえる人も多いのですが、もともとは「諦観《ていかん》」という仏教用語から来ている言葉。「明らかに見る」という意味の言葉が変化したものなのです。

部屋のクローゼットをイメージしてください。何年も着ていないけれど、高かった服。「いつか着るかも」「似合う自分になるかも」といった希望的観測でクローゼットにしまっていても、服への執着《しゅうちゃく》は増すばかり。

大切なのは、事実をありのままに見るということ。

久しぶりにきちんと服に袖《そで》を通し、「体型に合わなくなった」「自分には似合わない色だった」など、嫌な事実であっても受けてみる。納得して手放せばスッキリします。そして、スペースが空《あ》けば、新しい服を買ったり、インテリアを変えたり、自由が生まれますよね。


「相手の気持ちが、もう自分にはない」とか「頑張ったプロジェクトが不採用だった」とか、人生には受け入れがたい事実が山ほどあります。

なかなか諦められないのは、仕方がないこと。執着の強さは、それだけ対象を大切に思っていた証《あかし》でもあります。


焦《あせ》らずゆっくりと「明らかに見る」ことを意識して生きていれば、気持ちが少しずつ整理されていく。嫌な事実を受け入れたうえでの断念は前進。

僕はそうやって、未練がましい気持ちに折り合いをつけています。

LGBTQを僧侶はどう考える？
是か非か問うのはナンセンス

仏典《ぶってん》には、LGBTQに対する明確なやりとりは記載されていません。

仏教では今起きている事象をすべて縁起《えんぎ》としてとらえますから、そこの善し悪しに関しては人間が定《さだ》めた物差しでしかありません。

僧侶として人生相談を受ける中で、僕自身が同性愛や同性婚についてどう思うか意見を求められる機会も増えましたが、**どんな性的指向であろうと、どんな性自認であろうと、それぞれが等しく尊い人間の生き様《いざま》です**。

そこに是《ぜ》も非《ひ》もありません。

法整備や社会の理解が進まず、悔《くや》しくつらい思いをしている人も多いかもしれませんが、性的少数者であること自体は何ら特別なことではありません。同性のことを愛したり、異性の心を持って生まれたとしても、それはこの世を取り巻くうちの一つに過ぎないのです。

ブッダは「生きとし生けるものは皆幸せであれ」と説《と》きました。

その言葉通り、性別や立場や年代の壁を取り払い、すべての人が自分の生き様を貫《つらぬ》いて、幸せに生きることができますように。

推しへの愛が止まらない！

本気の推し活のススメ

この世のあらゆるものは思い通りにならないのが常。身近な人であろうが、尊い推《お》しだろうが、その言動や心が思い通りならないのは当然です。

それはわかっていても、推しが特定の人と親しい仲になることを悲しんだり、推しが期待とは違う言動をとることに失望したり、推しへの思いを持て余してしまうのがオタクというもの。

愛と憎しみは紙一重《かみひとえ》と言いますが、もし恨《うら》むほどの思いがあるなら、一度本気で推しとの結婚を目指してみてはいかがでしょうか。

自分を磨《みが》きまくって魅力的になれば、推しがファンサ（ファンサービス）をくれるチャンスは、少なくとも今よりは確実にアップします。

ストーカー行為や犯罪行為に手を染《そ》めるのはもちろんNGですが、自分をより高みに連れていく努力は悪いことではありません。

推しへの愛を自分の成長のエネルギーに変える。そして、**推しの選んだ生き方、選んだ人、すべてを肯定するのが、本気の推し活**だと、僕は考えます。

僕の推し？　もちろんブッダです。入滅《にゅうめつ》したから会うことはできないけれど、推してます♡

マッチングアプリでも縁は生まれる
出会い方も移ろい変わる

マッチングアプリで出会って、交際や結婚をする人が増えています。増えているとはいえ、まだネット上での出会いに後ろめたさやネガティブなイメージを持っている人も多いのではないでしょうか。

この世のあらゆることは諸行無常。出会い方も時代によって移《うつ》ろい変わります。ネットであろうが現実であろうが、**出会う人には出会うべくして出会う。そのタイミングをAIが縮《ちぢ》めてくれた**、ただそれだけのことです。

刹那《せつな》的な出会いを求めるのは人間の本能であり煩悩《ぼんのう》なので、出会った人と望んだような関係が築けず、苦《にが》い経験をするケースもあるかもしれません。

・出会った人に心が少しでも動いたのであれば、全身でぶつかってみる。
・自分が大切にされない関係なら手放す。

縁を無駄にしないためにできることは、アプリで出会った相手だろうが、リアルで出会った相手だろうが、変わりません。

人を愛する心は生きるための武器。
初めて対面した人や、刹那的な関係から始まった人に好感を持つことだって、素敵なきっかけです。

見返りを求めない
喜んでできないことは愚痴を生む

「これだけやればもっと愛されるだろう」と、期待という名の下心《したごころ》をガソリンにした愛し方はやめましょう。

「尽くしても相手は変わらない」ということを、心に刻《きざ》み込んでください。尽くすのはあくまでも自分の趣味。相手に見返りを求めてはいけません。

「喜捨《きしゃ》」という仏教の言葉があります。お寺や人のために財物を喜んで与えるという意味です。

この「喜んで」というのがポイント。喜んでできないことは最初からやらな

いほうがマシです。

見返りをモチベーションに行動し、期待していたリターンが得られないと、ついつい「こんなにしてあげたのに……」と思ってしまいます。

「のに」がつくと、愚痴《ぐち》が出ます。

愚痴は環境汚染のようなもの。溜《た》めていると自分の心が澱《よど》み、吐《は》き出せばそれを聞く人の心に負担を与え、そのストレスは伝搬《でんぱん》していきます。

彼氏に尽くして友人に愚痴をこぼす人、上司に尽くして家族に愚痴をこぼす人、はっきりいって迷惑です。

愚痴の反対は感謝。

毎日さまざまな縁で生かされているからこそ、愚痴をこぼす日々ではなく、周囲の人や出来事に感謝する日々を過ごしましょう。

愛し愛される定理
すべての人を心から愛するから愛される

「愛されたいなら、まず自分から愛する」

一度は耳にしたことがある言葉ではないでしょうか。

でも、この愛の法則を適切に運用できている人は少ないような気がします。

多くの人は、Aさんに愛されたいから、Aさんに積極的に愛を示す。少し大げさに言えば、周囲の人や自分を蔑《ないがし》ろにしてでも、Aさんに尽くしまくる。そんなふうに解釈しているのではないでしょうか。

これは間違い。むしろ愛されたいと思うなら逆効果です。

本来は、「愛されたいなら、まず自分から、すべての人を等しく心から愛する」。

あなたがこの世のすべてを愛するからこそ、この世の一部であるあなたもまた愛されるようになります。

そして、すべての縁に感謝するからこそ、あなたも大切にされる存在になり、素敵な出会いや機会がやってきます。

これが縁起の真理です。

愛も人生も、遠回りに思えることが、実は一番の近道だったりするものです。

生い立ち
フォトアルバム
2

大学2年生の時、短期の交換留学に応募してハワイ大学へ。世界は広く自分は小さいと痛感し、もっといろいろな文化や価値観に触れたいと考えるようになりました。

就職活動を終えた後、学生生活最後の長期休みを利用して、南米一周のバックパッカー旅行をしました。写真は、社会主義の国に行ってみたいという興味から、キューバを訪れた時の様子。現地でおじいちゃんたちと仲良くなり、国の主義や慣習は違っても、人の心は同じと実感。

東京大学の学園祭に呼ばれ、学生同士のラップバトルに参加。人前に出て表現する楽しさに目覚めたのは、これがきっかけかもしれません。

駲染みのお寿司屋さんで家族と就職祝い。この頃になると、真面目な両親も「うちの息子はおとなしくお寺に入るタイプではない」と諦めモードに入った様子。「企業に就職することを決めたならそこでしっかり働き、勉強してきなさい」と背中を押してくれました。

入社後、新入社員向けの海外研修でベトナムへ。「グローバルに活躍するビジネスマンになる！」と、野心と自信にあふれていた頃。
この研修後に辞令が出て、在宅医療機器の国内営業を担当することに。僕が志望していた「世界を相手に仕事をする部署」とは異なる辞令だったので、正直最初はがっかりしました。
でも結果として、この配属先だったからこそ得られた出会いや経験が、仏道を志すきっかけにつながっていくので、人生って本当に何がどう転ぶかわかりません。

生い立ち
フォトアルバム
—2—

同期入社の赤井くん。彼とは最終面接から一緒で、初対面から意気投合。同時にいくつか内定をもらったなかで、帝人への入社を決めたのは、彼が「一緒に働こう！」と言ってくれたことが大きかったように思います。二人ともすでに退社し、それぞれの道を歩んでいるけれど、今もよき仲間。

社会人として独り立ちして、親からは家業の手伝いをするように言われる機会も減り、「家」や「お寺」から解放されたことに喜びを感じていた頃。20代前半は、数字で結果を出して競争を勝ち抜いていくことが「一生懸命生きる」ことだと思っていました。

仏教を身近に

Q&A

仏教や仏事についての
ご相談もよくいただきます。
僕なりの解釈で
お答えしてみます。

Q 一般の人も出家できる?

生まれや年齢、
性別は関係ありません。
誰でも僧侶を
志すことはできます。

Q 仏教について勉強したいのですが、何から始めたらいい?

本や学校で学ぶより
大切なのは、とにかく
一生懸命生きること。
本を通して
仏教について
考えたいなら、
手塚治虫先生の
漫画『ブッダ』が
おすすめです。
僕も何度も
読み直しています。

Q お墓参りは必要?

人は二度死ぬ、と言われています。

一度目は肉体の死、二度目は自分のことを
覚えている人がいなくなった時です。

お墓は亡くなった方々の終《つい》の住処《すみか》。故人の魂の象徴である墓石は、残された者にとって手を合わせ、心を手向《たむ》けるために必要な場所となります。

何かと忙殺されがちな現代、自分をこの世に運んでくれた幾多の魂たちへの感謝を胸に、手を合わせる時間は大切です。

先祖が繋いでくれた尊いあなたの命。

たまにはお顔を見せてあげることで、きっと皆様お喜びになられます。

とはいえ、さまざまな事情でお墓のあるお寺まで足を運ぶのが難しい人もいますよね。

そういう場合は、オンライン墓参りやオンライン法要を利用するのも一つです。

供養の気持ちを向けることが何よりも大事。逆にいえば、それさえあれば方法はなんでもいいのです。

Q お布施はいくらくらい?

お布施《ふせ》のことは「喜捨《きしゃ》」とも言います。本当に決まりはないので、無理のない金額をお包みください。

ただ、執着を手放すには、「ちょっと痛いな」と思うくらいの額を包むことが大事。

あの服も買いたいし、あのレストランで美味《おい》しいものも食べたいし……お財布からなくなると「ちょっと痛いな」と感じる金額を「喜捨=喜んで捨てる」ことで、「案外なくても生きていけるじゃん」「お金ってそんなにいらないんだ」と気づくチャンスになるわけです。

あくまでも「ちょい痛」が大事で、生活や家族を犠牲してはダメだよね、と僕は思います。

Q ペットの供養は必要?

ペットは生活を共にした大切な家族。家族を供養したいと思うのは自然なことです。

長年連れ添った大切な命に思いを馳《は》せ、思い出を胸に安らかに見送ることは、生前連れ添った優しい時間を思い出させ、心に限りない安らぎを与えてくれます。

仏教では人間も動物もみな命は等しく、尊いものであると考えます。

亡くなった大切なペットをきちんと弔《とむら》いたいという気持ちにも、お寺がきちんと寄り添いますから、ぜひ供養をしてください。

Q 亡くなった人が夢に出てくるんですが……

「あなたに伝えきれなかった思いを伝えに来てくださっているんですよ」

……などと、それらしいことを言うこともできますが、僕は霊能者ではないので、正直なところ、亡くなった方の本当の心はわかりません。

大事なのは亡くなった人に対する自分の思い。忘れないで思い続けるということ。

気になるなら墓参りをするとか、お坊さんに相談して、供養してください。

供養は、亡くなった人のためではなく、あなたのための行いでもあるのです。

Q 死後の世界ってありますか？
極楽浄土はある？

あるかないかは、行ったことがないから正直わかりません（もしかしたら過去世で行ったことがあるのかもしれないけど記憶なし）。

でも僕は、あると信じたほうが、いいと思う。

あると信じたほうが今日をより一生懸命生きようとする活力とか指針になると思うから。

でも、一番言いたいのは、死後どうなるかについて悩むより、今をどう楽しく生きるかということに時間と頭を使ったほうがいいよね！ ということ。

第三章

一切皆苦

この世のすべては苦しみである。
人生は思い通りにならないことが常である。

人生は一切皆苦
つらいのがデフォルト

「一切皆苦《いっさいかいく》」とは、「人生は思い通りにならないことばかりである」という仏教の教え。

つまり、**人生はつらいのがデフォルト**です。

生きていると毎日つらいことがあります。

満員電車に揺られて行きたくもない仕事に向かったり、職場で陰口《かげぐち》を叩かれたり、恋人に自分の気持ちを理解してもらえなかったり……。

確かに大変なことの連続です。つら過ぎて涙すら出ない日もありますよね。

ちょっと嫌なことを言いますが、**この世はそんなもの**。

めちゃくちゃ元気でハッピーに見える人だって、多かれ少なかれ、思い通りにならないことを抱《かか》え、なんとか折り合いをつけたり乗り越えたりして生きています。

「生きるのは苦しい」

それが基本です。

後ろ向きな考えのように感じるかもしれませんが、「つらいのがデフォルト」と自分の中の設定を切り替えると、幸福の感度が上がります。

美味《おい》しいものを食べられたり、親切な人に出会ったり、見上げた空に輝《かがや》く月が美しかったり……。

人生はつらいものと知っているからこそ、日常の中に散《ち》りばめられているささやかな幸せに気づき、その尊《とおと》さを噛《か》みしめることができるようになるのです。

「私なんて」はおこがましい 「大般涅槃教」が教えてくれたこと

「大般涅槃教《だいはつねはんぎょう》」という仏教の経典《きょうてん》があります。これは、ブッダの入滅《にゅうめつ》（死）についで書かれたものです。

「大般涅槃教」にはこんな場面があります。

ブッダの死の間際、弟子たちは戸惑《とまど》い、泣き叫《さけ》んでいました。

「あなたに死なれたら困ります！　あなたが救ってきた人々、これから救わなければならない人々はどうなるのですか！」

するとブッダは静かにこう言ったのです。

「それは違います。**私は誰かを救おうなんて、ただの一度も思ったことはあり**

ません」

僕はこれを読んだ時に、とても心が軽くなりました。そうか、お釈迦様《しゃかさま》ですら、誰かの役に立とうなんて、ちっとも思っていなかったのだと。

僕たちは「誰かの役に立つ人生を送りたい」「誰の役にも立てない私なんて」と思いがちです。

これは、よく言えば謙虚《けんきょ》。悪く言えば、とても傲慢《ごうまん》な考えです。

「私なんて」の背景には、「私は本来であれば、誰かの役に立てる存在であるはずだ」という自意識があるからです。

人生はつらいことの連続だけど、生まれちゃったからには、目の前のことに一つひとつ向き合って、生きていく。それが、**誰かの迷惑になることもあれば、誰かの救いになることもある**ということ。

ただ、それだけなのです。

仏様は特別じゃない
君も僕もホトケになれる

永平寺にて修行をしていた時、**「仏《ほとけ》を見た！」**と言われたことがあります。

玄関先で、急いでいた人のぶんまで靴をそろえていた僕に対して「いいね！」を押すような感じで、修行仲間がそう声をかけてくれたのです。

何気ない会話でしたが、とても印象に残っています。

山で修行をするとか、仏教の本を読んで勉強することも大切だけれど、もっと身近なところに「修行」があるのだと気づくきっかけになったからです。

仏教において、お釈迦《しゃか》様は目指すべき存在ではありますが、自分とはまったく異なる、崇《あが》めたてるような存在ではありません。

修行中の僧侶でも娑婆の人間でも、なろうと思えば誰でも仏になることができるのです。

次にトイレを使う人のためにきれいにしたり、駐輪場で倒れている自転車を起こしたり、「ホトケチャンス」は娑婆の日常の中にたくさんあります。

上司に褒められたいとか、好きな人からの好感度を上げたいとか、自分のポイント稼ぎのためではなく、**どこの誰かも知らないような相手がちょっとでも楽に生きられるように、自分ができることをやる**。

その行動を起こした瞬間瞬間、僕たちは仏になっています。そして、その瞬間が少しでも多く長くなるように生きていくことが「菩薩行《ぼさつぎょう》」です。

皆さんも、「菩薩行」やってみませんか。

仏になるって、けっこう楽しいですよ。

わかってもらえないのは当然
「ヤバい奴」でも挽回できる

永平寺に修行に入る前、僕はどうやら先輩僧侶たちから「ヤバい奴がくる」と噂《うわさ》になっていたらしいのです。

その理由は、ＹｏｕＴｕｂｅでラップ動画を上げていたから。世間的な僧侶のイメージとはかけ離れた姿で、新宿の歌舞伎町のネオン街をバックにラップする姿は、一部の人たちからは「けしからん」と見られていました。実際に、仏教関係者らしき人から「修行先でボコボコにされてほしい」といった批判（脅《おど》し？）のコメントが届いたこともあります。

そんな当初のイメージとのギャップが功《こう》を奏《そう》したのかもしれませんが、僕なりに真面目《まじめ》に修行し、先輩たちの言葉にも素直に耳を傾《かたむ》け続けた結果、1年3カ月経《た》って山を降りる時、意外な展開が待っていました。

永平寺に残って仕事をしてほしいと言われたのです。ボコボコどころか、まさかの引き止めです（笑）

人の価値観は十人十色《じゅうにんといろ》ですから、自分が好きでやったことや、よかれと思ってやったことが、批判を受けたり、予想外の受け止め方をされたりすることもあります。それが会ったことも話したこともない相手であれば、理解されないほうが自然なくらい。

だからこそ僕は、**対面したり、対話をしたりする相手とは、「謙虚に素直に前向き」に向き合う**ようにしています。そうすれば、たとえ100％わかり合うことはできなかったとしても、対立したまま縁《えん》が切れてしまうことはないと信じています。

アンチがいるほうが健全
批判があるから賞賛がある

ＹｏｕＴｕｂｅやＴｉｋＴｏｋをやっていると、いわゆるアンチの方から批判的なコメントが届くことがあります。「僧侶がＴｉｋＴｏｋなんてやるな」とか「生臭坊主《なまくさぼうず》が上から目線で人生を語るな」とか。

僕の動画制作などを行なっているチームスタッフは、そのようなコメントを目にすると、「顔も名前も出さない人が好き勝手言わないでほしい」などと言いますが、僕は批判コメント歓迎です。だって、そのほうが健全だと思うから。

両極端なものが内在《ないざい》するのが、この世の中です。右翼もいて左翼もいる。どちらかに偏《かたよ》りすぎた国は暴走します。だから、アンチコメントがくると、「僕たちは正しいことをやれているんだな」と安心するのです。

もちろん批判が大多数になったら、世の中に求められていないということなので方針転換が必要ですが、批判「も」あるのは、賞賛《しょうさん》があるからこそ。

ありがたいことに、僕の動画には好意的なコメントのほうが多いのですが、それればかり見ていると、傲慢《ごうまん》になってしまう気がします。

最近は、不快なコメントをミュートにして目につかないようにすることもできるけれど、僕からするとそのほうが不健全。

僕は、汚いものにこそ人間らしさが感じられるので、むしろ批判の声を積極的に拾うようにしています。

この本のAmazonレビューも、批判コメントから読むと思います。

とはいえ、むやみやたらと悪口を書こうとしないでくださいね。忌憚《きたん》なき素直なご意見をお待ちしています。

批判の声は滝行
どう感じるかは相手の自由

僕は批判の声がありがたいし、たとえ辛辣《しんらつ》な声が届いたとしても、動画のネタが増えたくらいに思えるのですが、そういう受け止め方ができる人ばかりではないというのも理解しています。

SNSでは、切り貼りによる自分のイメージが一人歩きして、勝手に誤解されたり、とんでもない悪意を向けられたりすることが少なくありません。

でも、**人が自分のことをどう思うかは相手の自由**。

他人にどう思われているかなんて、考えても仕方がありません。ましてや見ず知らずのネット上の相手からの評判なんて気にするだけ無駄。

時には不躾《ぶしつけ》なコメントが飛んでくることもありますが、そんなコメントをするのは、今日1日が不幸せだった人。いちいち向き合ってキャッチして投げ返す必要はありません。

相手のメンタル状態まで、責任を感じることはありませんから。逆に、その人のはけ口として役立った自分を褒《ほ》めてあげてもいいぐらい。

どうしても気になってしまうのであれば、**「批判は滝行」と割り切りましょう**。

チクッと心に刺さる批判の声も、「いい滝を浴びた」と思えば、自分の成長の糧《かて》になっていきます。

嫌な記憶は妄想
妄想で疲弊するのはもうやめよう

仕事でとんでもないミスをしてしまった、恋人と大げんかをしてしまった、大事なものを失《な》くしてしまった……。

生きていれば、「最悪だ！」と思う出来事が起きてしまう日があります。心は出来事に対して反応するものですから、ショックを受けるのも当然です。問題なのは、それを長く引きずってしまうこと。

苦しみを長引かせないために、気づいてほしいことがあります。

どんなに最悪な出来事だって、1秒でも過ぎてしまえば過去。

過去に起きた出来事自体は変えられないけれど、「最悪だ！」と心に負担をかける過去の記憶は、頭の中に起きている妄想《もうそう》にすぎません。

これに気づく練習は、人間関係の是正《ぜせい》にも効果的です。

今いる相手とまっさらな気持ちで向き合うことで、過去のしがらみにとらわれずに関係を築き直すことができます。

苦しみに費《つい》やす時間はできるだけ少ないほうがいい。**失敗から学ぶことも大切ですが、頭の中の出来事だけにとらわれないでください**。

無駄な妄想に感情を振り回されて疲弊《ひへい》するのはもうやめましょう。

今の一瞬一瞬を享受《きょうじゅ》し、どうすればいいか思考する。

それが自分や周りの人の心を守ることにつながります。

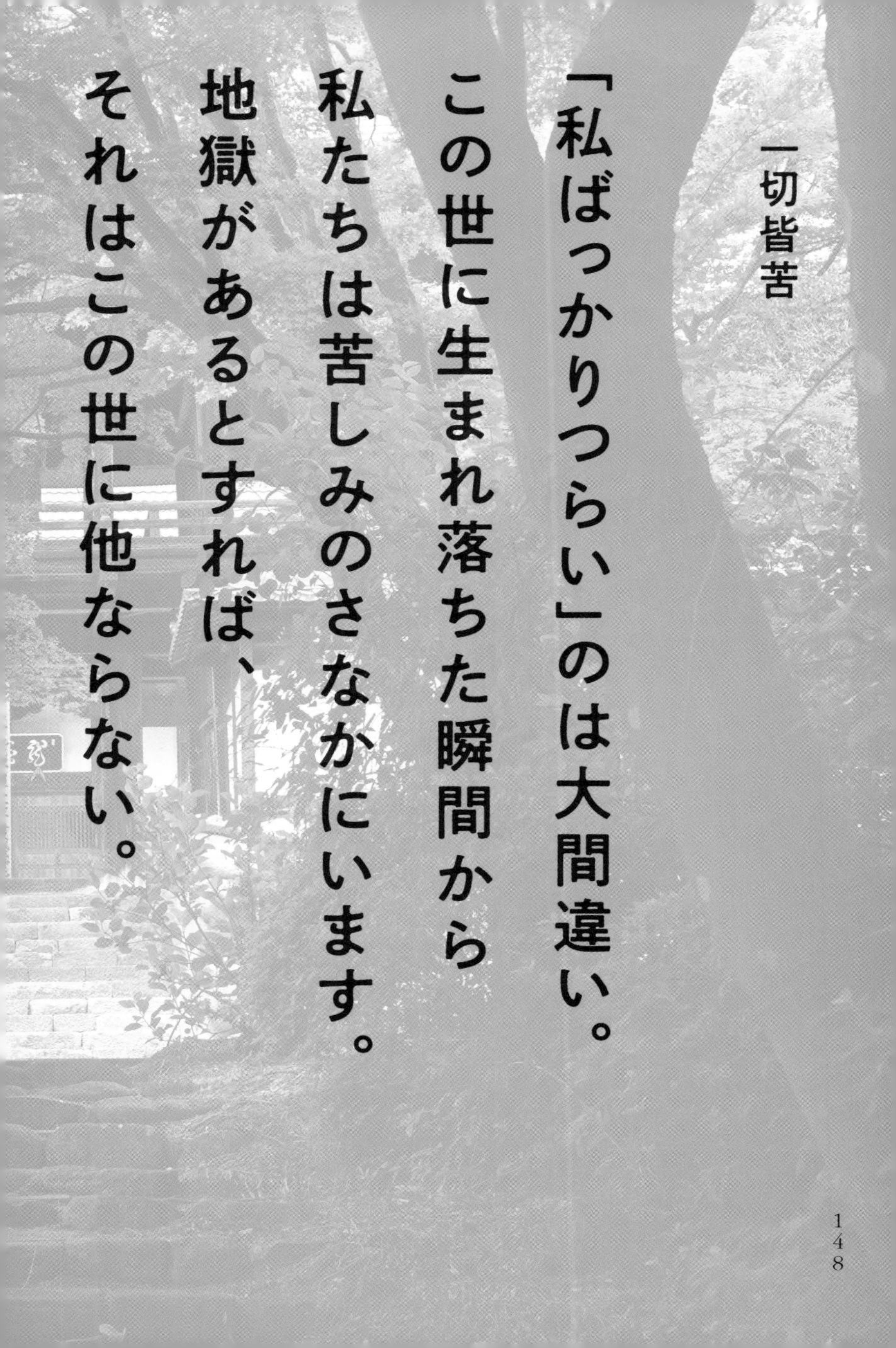

一切皆苦

「私ばっかりつらい」のは大間違い。
この世に生まれ落ちた瞬間から
私たちは苦しみのさなかにいます。
地獄があるとすれば、
それはこの世に他ならない。

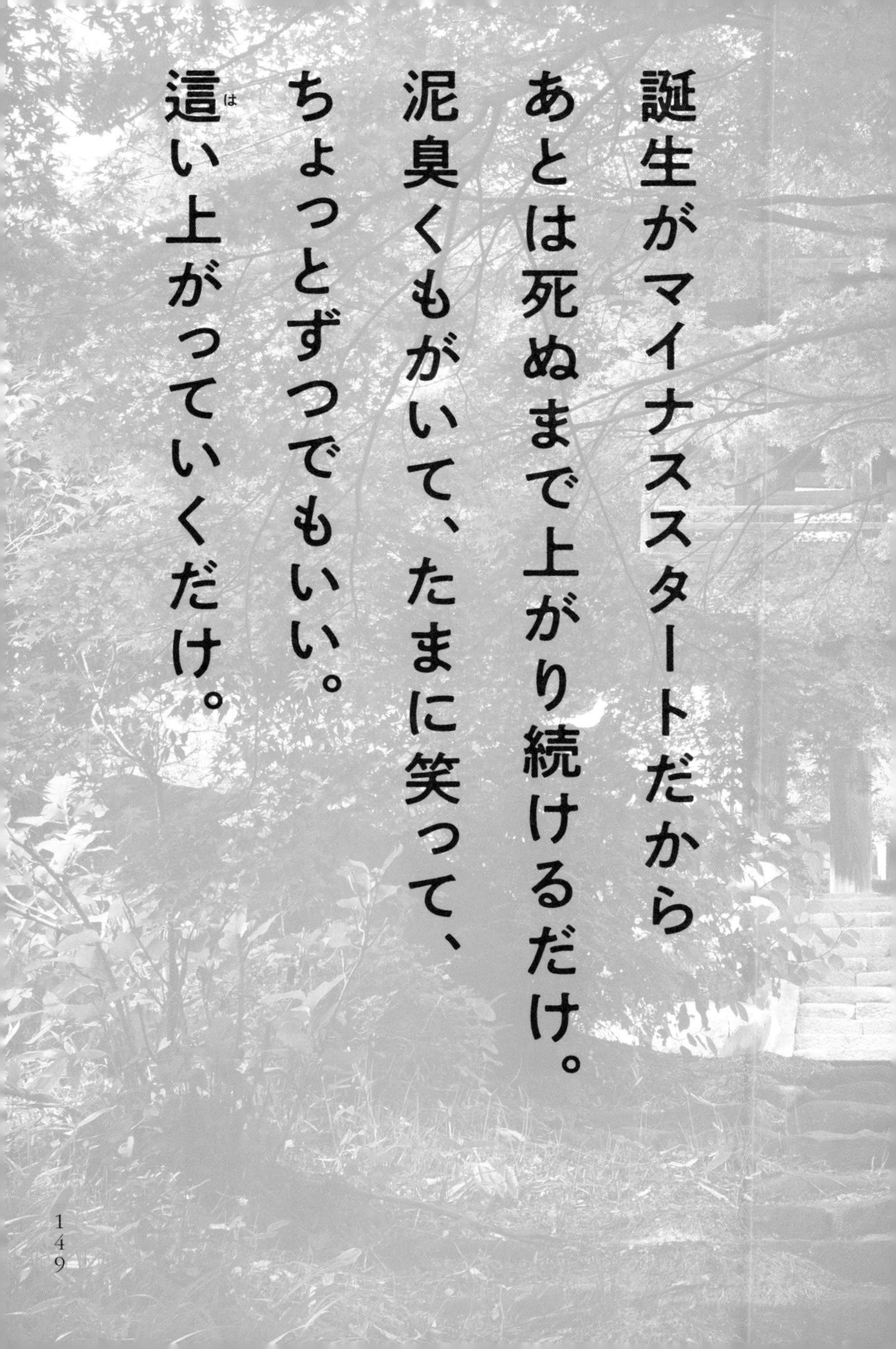

誕生がマイナススタートだから
あとは死ぬまで上がり続けるだけ。
泥臭くもがいて、たまに笑って、
ちょっとずつでもいい。
這《は》い上がっていくだけ。

幸福論

あなたが今、苦しい、つらい、助けてって、
スマートフォンの文字盤を
ぽちぽち叩いて、世に放つコメント。
あなたのその悩みを解決する方法は
僕にはわかりません。

でも、ひとつ言えることは
スマホ使っている＝生きている
ってことだよね？
だったらもう、それで充分、
幸せじゃない？

ネガティブはコスパが悪い
ポジティブはお買い得品

スーパーに行って、同じ賞味期限、同じ内容量の、まったく同一商品があったとします。片方には半額シールが貼ってあって、片方に貼っていなかったとしたら、あなたはどちらを選びますか？

まったく同じ物なのであれば、お得なほうを選ぶ人が多いのではないでしょうか。

僕にとって、ポジティブ思考はこの半額シールが貼ってある商品で、ネガティブ思考は定価の商品です。

ネガティブでいることは、まったく同じものを手に入れるために倍以上のお

金を払っているようなもの。

どうせ人生という苦行を歩むのであれば、少しでも楽《らく》なほうを選ぶのがいいとは思いませんか？

ポジティブな人は、自分のご機嫌取りが上手です。自分の人生を楽なほう、楽なほうに操縦するからです。

お気に入りの服を着ている時に、雨が降ってきてしまったら、服がどんどん水分を吸って重くヨレヨレになっていくのをただ嘆《なげ》くのではなく、さっとワンコイン傘でも買って、さっさと家に帰ったほうが、結果として苦労も心労も少なく済みますよね。

ポジティブ思考は、無理に明るく振る舞うことでも、楽観的になりすぎることでもなくて、ただ自分を楽させてあげることだと考えています。

怒りのコントロール
激情を鎮める行

怒りもコスパの悪い感情です。

怒った状態で我を忘れると、あとから冷静になって、「あんなことをしなければよかった」「何であんな態度をとってしまったんだろう」と、後悔に苛《さいな》まれることもしばしば。怒りが日常にもたらす悪影響は明白です。

怒りをコントロールするために必要なのは、ついカッとなってしまった時に

1．自分が怒っていることを認めること

2．なぜ怒っているのか、その一点に集中して分析すること

自分の怒りに気づいて認める。これは簡単なようで実はなかなか難しい第一

歩です。

怒りは心にも体にもダメージを与える感情なので、まず気づいてそれを収める。でも、怒らないようにしようと、感情を抑え込むのは無理があります。

怒りの感情に気づいたら、心の中で3回「私は怒っています」と、唱《とな》えてみてください。

これは**怒りを鎮《しず》めるための行《ぎょう》**です。

怒りを認識し、心の中で唱えれば、自分が何に対して怒っているのか見えてくるはず。この行を繰り返すうちに、周囲にある怒りの原因や、何に対してストレスを感じるのかがわかってきます。

迷惑はかけていい
迷惑をかけない人なんていない

「人に迷惑をかけてはいけない」

そのように親や先生から教えられてきた人は多いはず。

これって正しいようで正しくないな、と僕は思うのです。だって、迷惑をかけずに生きるなんて無理だから。ただ歩いているだけで、アリを踏み潰《つぶ》して、尊い命を奪《うば》っていることもあるかもしれません。

アリの話は極端な例ですが、そもそも、何が迷惑で何が迷惑じゃないかの基準は人それぞれ。深夜のＬＩＮＥが迷惑な人もいれば、そのＬＩＮＥに救われる人もいるかもしれない。

「迷惑をかけずに生きよう」と真面目に思えば思うほど、何もできなくなってしまいます。

それに、「迷惑をかけないように生きよう」と思うと、他人からの迷惑に厳しくなってしまいます。「自分はこんなに気をつけているのに」って。

人は生きていれば誰でも迷惑をかけるもの。その迷惑を許せなくなるのは、人の存在自体を許せなくなってしまうことです。これほど生きづらく、悲しいことはありません。

だから、「人に迷惑をかけてはいけない」なんて思わなくていい！

もし誰かからの迷惑行為に憤《いきどお》り感じることがあったら、**「自分も人に迷惑をかけているんだし」**と思ってみませんか。そうすることで、ずっと生きやすく優しい世界になるはずです。

「毒親」育ちでも親に感謝しないといけませんか？

「自分の産《う》んでくれた親やご先祖様《せんぞさま》に感謝しなさい」というのが仏教。

この教えを煩《わずら》わしく感じる人が少なからずいます。

幼少期の被虐待やネグレクト、過干渉、行き過ぎた躾《しつけ》などによる傷は、成長して自立した大人になっても、深く深く心に残り続けます。

毒親でも大切にしないといけないのか。

断ち切れない血縁を煩わしいとは思っていけないのか。

育ちに起因する親への恨《うら》みを持つ人たちの心の叫び、疑問はごもっともです。

かくいう僕も、親との関係には少なからぬ葛藤《かっとう》や対立があり、長い間苦しんできました。感謝や尊敬の念が抱《いだ》けるようになったのは、ごくごく最近のことです。

自分が人生のさまざまなことに葛藤している時に感謝できないのは当たり前。でも、「こうなったのは親のせい」「世の中のほとんどの人は幸せに育っているのに」と、ずっとずっと親を恨み続けるのは、あまりにも苦しすぎます。

感謝の気持ちを持つことは、毒親の罪をすべてなかったことにするわけではありません。どんな事情があったとしても、親に感謝できることを見つけ出す。それは自分自身を救うためなのです。

感謝は解毒

苦しみから解かれて自分らしい人生を

親といっても、人間ですから、精神的に未熟な人や不出来な人など、さまざまな人がいます。

あなたが親への恨みや怒りを抱《かか》えて苦しんでいるのなら、未熟で不出来な人が、未熟で不出来なりに与えてくれたことに目を向けてみてはどうでしょうか。

育児放棄や虐待、親のエゴとしか思えない躾をされていたとしても、**「何か」をしてくれた未熟者のおかげであなたは今を生きているわけです**。

与えてくれたことは、もしかしたら他所《よそ》の親の何千分の一かもしれない。でもその何千分の一の何かに、それはそれで感謝してみませんか。

食事をくれた。居場所をくれた。名前をくれた。お腹《なか》の中で約10カ月間育てることをやめなかった……。

わずかなことに少しでも感謝の気持ちを持てた時、親の毒は、少しずつ解毒されていきます。

今すぐではなくてもいい。

少しずつ苦しみから解かれて、幸せに自分らしい人生が送れますように。

死というもの

死は怖いもの？
その正体がわからない、
いつやってくるかわからない、
それが死の恐怖の根源です。
しかし、私たちは確実に
生まれちゃったその日から、
来たるその日に向けて

一歩ずつ死への歩みを進めています。
死に支配されて恐怖に苛《さいな》まれ続けても
いつか必ずその日は来る。
考えても、来るものは来るのです。
それならできることって、
今を一生懸命生きること
くらいじゃない？
その日まで、自分だけの命を
正しく使い切ることです。

あなたは大丈夫

大丈夫。あなたは絶対大丈夫。
今までつらくても生きてきた。
幾度も立ち上がり涙を拭いてきた。
あなたは強い。

生きる力がある。
この世の苦行に耐え、
人にやさしさを与えて
ちゃんと生きてきたじゃないですか。
これからもきっと、なにがあっても
あなたは、絶対大丈夫。

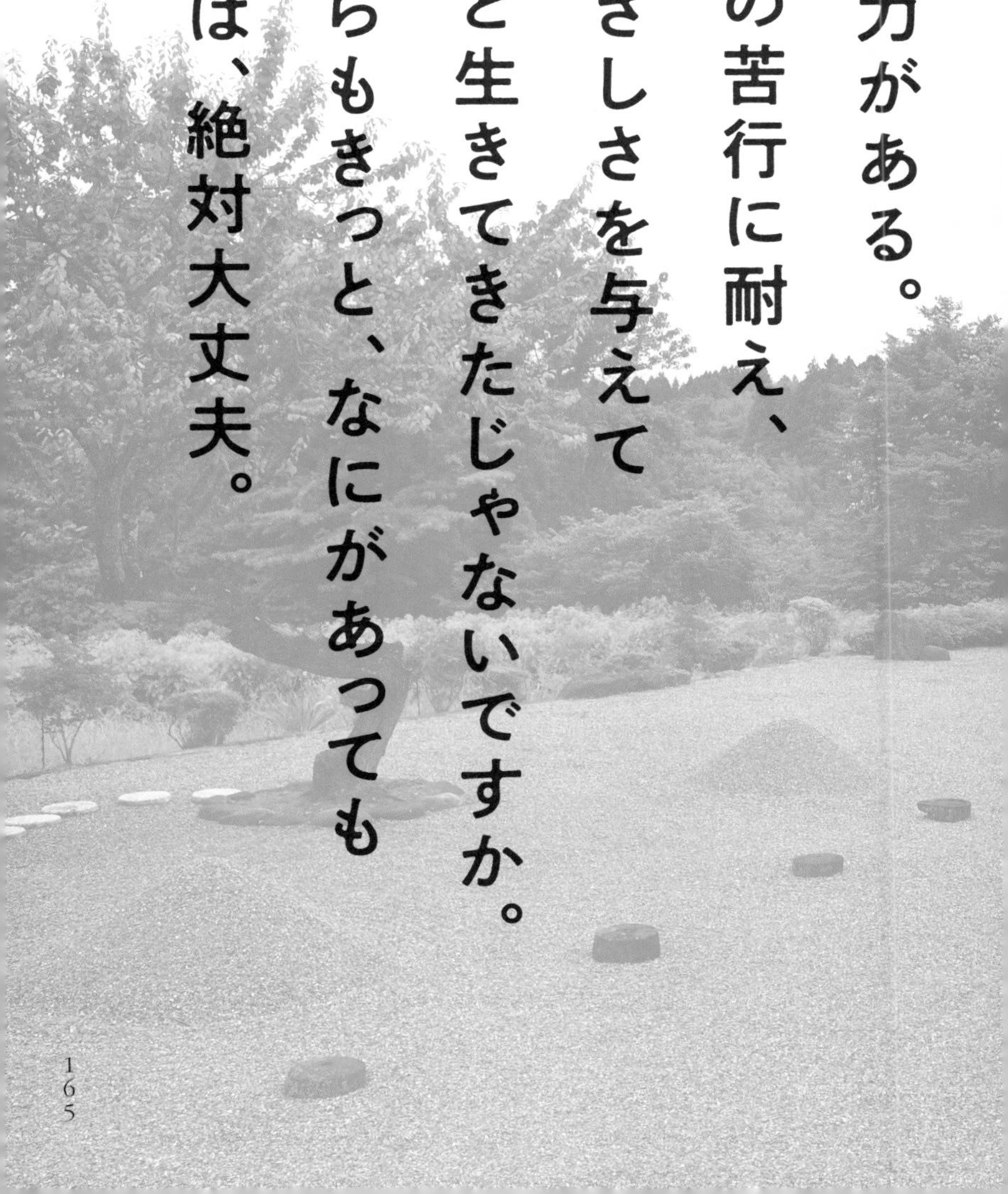

命は誰のもの？
「死ぬ権利」について考える

医療現場で「死にたい」という本人の希望により、主治医が薬物を用いて死に至らしめることを、安楽死といいます。日本では違法ですが、オランダやスイスなど、法律で「死ぬ権利」が認められている国もあることはご存知の通りです。

ただでさえ、つらい人生。不治《ふじ》の病《やまい》による耐《た》え難《がた》い苦痛を抱えながらベッドにただ横たわり続けるのは、想像を絶するつらさでしょう。

仏教では、「人を殺してはいけない」とされています。そして、約2600年前、インドの僧に対する戒律《かいりつ》で、「死にたい」という人やその家族に対し、「それはもう死んだほうが楽《らく》でしょう」ということも殺人であると禁じられました。

僧侶がどんな人に対しても、「死んで楽になりましょう」と言えないのは、生きていられるからこそ得られる修行の機会を奪《うば》うことになってしまう、という意味もあります。

安楽死や尊厳死などの「死ぬ権利」の背景には、「命はその人のものである」という考えに基づいています。

確かに人生は自分のものです。

でも命は？

他者の手で産み落とされ、他者との関わりの中で生かされた命は、本当に自分だけのものなのでしょうか。

僕はまだ自分の中で納得できる答えを導き出せていません。ただ一つ確かなのは、「死にたい」と思う人に寄り添える僧侶でありたいということです。

大切な人の死
恐れるより与え尽くそう

家族や友だちなど、愛する人との死別は、計《はか》り知れないほどの悲しみをもたらします。

しかし、まだ起こってもいない喪失《そうしつ》を、ただ恐れるのはもったいない。

大切な人の死を意識することは、相手の人生も自分の人生も満《み》ち足りたものにする第一歩です。

大切な人を永遠に失う日、あなたは何を伝えたいですか？　何をしてあげたいですか？

その日が明日ではないという保証はありません。自分自身だって、今日死なない保証はどこにもないのですから。

私たちは無常《むじょう》の世に生きています。

生まれた瞬間に大切な誰かと別れることはすでに決まっているのです。

死をただ恐れるのではなく、死は常に隣にあることを理解し、言葉も愛も、自分の持つものすべて、出し惜《お》しみせず相手に与え尽くしましょう。

不安や恐れが生じた時こそ、あらためて愛を伝えるチャンスです。

ペットロスとの向き合い方

縁あって共に過ごせたことに感謝を

「生老病死《しょうろうびょうし》」。生まれること、老いること、病《や》むこと、死ぬこと。

この世の命あるもすべては、この苦しみから逃《のが》れることはできません。

たいていのペットは人間よりも体の時計の針を早く進んでいるため、別れは必ずやってきます。愛《いと》しい存在との別れは、つらく悲しいものです。

とはいえ、いつか必ずやってくる別れの日を悲観しすぎないでください。

仏教には「共生《ともいき》」という言葉があります。

「すべての生きとし生けるものについて、縁があって共に生きた時間を大切にしましょう」という意味です。

あなたにできることは、別れを恐れたり嘆《なげ》いたりすることではなく、愛しくかけがえのない存在に寄り添い、限られた時間の中で精一杯愛情を注《そそ》ぐこと。

僕は猫の「無常くん」を飼っていますが、毎日「愛しているよ」と伝えています。

亡くなってしまったペットにひとつ心残りがあるとすれば、かつて寄り添って過ごしたあなたが笑顔を過ごせていないこと。

縁があって出会った存在ならば、ずっとそばにいてあなたを見守っています。

出会いがあれば別れがある。別れが悲しいのは、それまでの日々が本当に充実して幸せだったから。そんな日々にありがとうと、どうか手を合わせてあげてください。

水子供養について

つらい経験も赤ちゃんが残してくれた贈り物

お腹の中に一度は宿《やど》ったものの、何らかの事情で生まれてくることができなかった命の供養《くよう》も、お寺では行なっています。

この世に生まれることなく亡《な》くなった命は穢《けが》れを知らず、煩悩《ぼんのう》を持たないため、純粋で美しい魂《たましい》のまま、天に召《め》されていきます。ですから、**水子《みずこ》自身がつらいとか、悲しいとか、親を恨《うら》むことはありません**。お腹に宿った喜びや、旅立ったあとの悲しみなど、慈《いつく》しみや諸行無常の大切な気持ちを教えてくれたことには、きちんとお返ししましょう。

お子さんはこの世に生まれてこなかったため、心拍や胎動《たいどう》、その存在の温《ぬく》もりや姿を知っているのは親だけです。それを慈しみ忘れないであげてください。

一度は体の中に来てくれたお子さんを手放さなくてはならないのは、大変つらい経験です。特に母親はその責を強く感じてしまい、後悔や悩みを抱えて苦しみます。

でも、**その出来事から生まれる感情は、お子さんが残してくれた大切な贈り物。**

ただつらく悲しい出来事ととらえるか、人生における大切な出来事ととらえるか。お子さんはどちらを喜ぶでしょうか。

赤ちゃんが聞きたいのは、ご両親の「ごめんね」なんかじゃなくて、「ありがとう」「愛しているよ」の気持ちです。

不要な言葉は受け取らない
いじめられている人は悟りに近づいている

残念ながら、「いじめ」についての相談があとを絶《た》ちません。

ひとことでいじめといっても、その内容や苦しみはさまざま。「外見について揶揄《やゆ》されたトラウマが癒《い》えない」とか「職場でハブかれ、陰口をいわれている」とか「発達障害の特性をいじられてつらい」とか……。

いじめの原因や関係性は複雑なので、ずばり解決法を提示するのは難しいのですが、確かなことは、どんな背景や問題があったとしても、この世には誰かに傷つけられてよい存在なんてないということ。

ブッダは、**「言葉は受け取らなければ本人の元へ帰っていく」**と仰《おっしゃ》いました。

あなたを傷つける悪意ある言葉を受け取る必要なんてないのです。あなたが自分のことを「ただいるだけで価値がある存在だ」と信じれば、不躾《ぶしつけ》な言葉は、あなたの元に届くことなく、相手へ帰っていきます。

また、仏教には「我執《がしゅう》」という言葉があります。我こそが正しいという意見に執着して、我を通すことです。

我執に取り憑《つ》かれると、自分が正しいという考えが大義名分を生み、堂々と他者を攻撃できるようになります。

いじめる人といじめられる人の構図で考えると、いじめられている人は、我執を手放し、相手を打ち負かそうとするのをやめた人。より悟《さと》りに近いのはどちらでしょうか。

もしかしたら、いじめられている人は周囲より悟りに近い状態になり、濁《にご》った水に合わなくなったのかもしれません。

死にたい人へ
他人の常識に自分を当てはめないで

死について語るのは、危険なことではありません。

むしろ、見ないように、感知しないように、タブー視するからこそ、思いを吐露《とろ》する場がなくなってしまうように思います。

死はとても身近にあるものです。死にたいと思うことも何ら不思議なことではありません。

ただ「死にたい」、そのひとことを誰かに告《つ》げることができたなら、あなたの命は生きたがっています。

残念ながら自死に至ってしまった方は、その方の命の価値がなかったのではなく、その方がご自身の価値を知らなかっただけなのです。

自分の常識が他人の常識と同じだと思うから、生きづらさが生まれます。相手に感謝したいとか優しくしたいとか、寄り添おうとすれば、なおさらです。

１００人の人間がいれば、１００通りの価値観や正義があります。他人の常識、家族の価値観、社会の正義……。それら枠の中に、あなたの心を無理に当てはめようとして、苦しまないでください。


他人の常識に自分を当てはめない。

あなた自身には価値がある。

まずはそのことをよく理解してほしいのです。

存在しているだけで十分
あなたがいてくれてありがとう

毎日毎日、生きていることが何よりも修行です。

世の中から消えてしまいたいと思うこと、どんなに頑張っても報《むく》われないこと、誰からも選ばれず必要とされないと感じること……。そんな暗闇に突き落とされるような出来事が、人生には訪れます。

だからといって、生まれてしまったこと、時間が過ぎていくことを嘆《なげ》いても、何もよいことは起きません。

つらいことも苦しいことも身を裂《さ》くような出来事だって、あなたをつくり上げている細胞の一部。あなたが歩んできた道は誇るべきものです。

たくさんの深い愛と尊《とおと》い縁に恵まれて、今日こうやって、僕とあなたは繋《つな》がることができました。

あなたがこの世に存在している。それだけで十分です。

「有ることが難しい」と書いて、「有難《ありがと》う」

あなた今がここにいること、それだけで有難く尊いこと。

今日も明日も明後日も、あなたのことがありがたいのです。

生い立ち
フォトアルバム
3

「般若心経 現代語訳 Rapしてみた」のPVを撮影した時の様子。撮影は会社の同期が担当してくれました。

2022年2月、娑婆への若干の未練も残しつつ、雪降りしきる寒空の下、永平寺に上山。

修行を終えて帰山後、正式な僧侶となるための一連の儀式を終えた時の様子。修行僧は黒の袈裟しか着ることができないので、この時初めて色付きの袈裟を身につけました。

生い立ち
フォトアルバム
―3―

時間にゆとりがある時は、旅に出ます。好きな場所は宮古島。

フォロワーさんが主催してくれるオフ会は僕にとって修行の場。つらく苦しいという意味ではなく、さまざまな人生に触れることができるということ。直接会って「動画を見て救われた」とか「元気をもらえた」と言ってもらえると、やはり嬉しいものです。こちらこそ、いつもありがとうございます！

東京・四谷にある「坊主バー」。僧侶がオーナーのバーで、僕も不定期でカウンターに立っています。仏教界に新しい風を吹かせたいと考える同志に出会えるのではないかと思って、客として店を訪れたのがきっかけ。

愛猫の「無常」くん。時々配信にも参加。猫を飼いたいと思っていたタイミングで、フォロワーさんから保護猫がいるという情報が届き、お迎えしました。無常くんも、TikTokを始めたから繋がった縁。

古溪光大についての

Q&A

フォロワーさんから
本当によく聞かれる質問に、
ここでまとめて答えておきます。

Q 身長体重は?

178cm 74kgです。
実際に会うと、
思っていたより大きいと
よく言われます。

Q 何歳ですか?

平成6年生まれ。
大谷翔平選手と
同い年です。

Q 兄弟はいる?

一人っ子です。
お姉ちゃんがいそうと
よく言われます。
なんでだろう。

Q 結婚してますか?

本当にこれ、よく聞かれます。
未婚か既婚かって、
パーソナリティにはあんまり
関係ないと思うんだけど、
皆さん何でそんなに
気になるでしょうかね。
ちなみに独身です。

Q 何型?

O型です。

Q どれくらいのペースで髪を剃っているんですか?

剃髪には
煩悩や執着を
手放す意味があり、
4と9(四苦)の
つく日に剃ります。

Q 霊感ありますか?

ないです。
仏教の修行によって
変わるのは、
現実世界の
見え方や感じ方。
修行によって、
霊視とか予知能力が
手に入るわけでは
ありません。

Q 髪を伸ばしている姿も見てみたいです。

一度坊主の快適さを味わうと、
髪のある生活には戻れません。すみません。
これもある意味、執着かもしれませんね……。
ちなみに、僕の宗派的にも剃髪が原則です。

Q 動画を見てると周辺にオーブが映り込んでますよね? やはり特殊なオーラが出ているのでしょうか。

それはオーブではありません。猫の毛です。
うちの飼い猫の「無常」くんの毛です。

Q 休みの日ってあるのですか?

ないです。生きること自体が仏道修行なので。

おわりに

出自《しゅつじ》に不満を持ち、自由を渇望《かつぼう》し続けていた中高生の頃、約10年後に、自《みずか》らの希望で永平寺《えいへいじ》へ修行に行くことになるとは思ってもいませんでした。

そして永平寺から帰山した2022年の5月には、約1年後に自分がメディアの取材を受け、さらには本を出版することになろうとは、想像すらしていませんでした。人生って、何がどう転ぶかわからないものです。

本書の制作を通じて、自身の人生を振り返り、じっくりと見つめ直す機会に恵まれました。そして、これまで出会ったすべての人や経験があったからこそ、今の自分が生かされているのだと、あらためて気づくことができました。

仏教では、「どんな出会いにも出来事にも優劣はなく、そのすべてが尊《とおと》いもの」と考えますが、その真理を今しみじみと実感しています。

少しでも楽《らく》に生きられる人を増やしたいという思いから始まった企画でした

が、救われ励《はげ》まされたのは他ならぬ僕自身だったかもしれません。

僕はよく「仏教はコスパ最高！」と言っています。

成功哲学の商材を買ったりするよりよっぽど手軽に、幸せに生きるためのヒントを得ることができるからです。

でも成功商材やセミナーと仏教が違うのは、「答え」が書いていないということ。あなたが幸せになるための答えは、あなたの中にしかありません。もっといえば、あなたはすでに幸せになるための答えを自分の中に持っています。

では、どうしたらその答えにたどりつくことができるのでしょうか。

「徳《とく》を積むにはどうしたらいいですか？」

「何をしたら悟《さと》りを開けますか？」

そんな質問をいただくことがあります。

悟りも徳も、資格試験のように、何か特別な努力をして得られるものではありません。明確な〝合格基準〟もありません。

誰も見ていないところでゴミを拾ったり、言葉遣いに気をつけたり、誰に対しても親切に笑顔で接したり、人の幸せを願ったり……。

AとBと迷ったら、どちらが相手の生きやすさに繋《つな》がるか考えてみてください。自分の目の前の利益より、相手のためになることや、世の中のためになることを考えてみてください。

それを積み重ねて、考えるより先に相手のためになる行動が自然と取れるようになった時、あなたが求める幸せの答えがきっと見えてくるはずです、

今これを読んでいる方の中には、抱《かか》えている問題を解決したいとか、自分を高めたいとか、よりよい人生を送りたいとか、そんな気持ちから本を手にしてくださった方がいるかもしれません。

その思いは素晴らしいこと。でもその思いが叶《かな》えられなければ、あなたが幸せになれないわけではありません。

あなたも僕も、ただ生きているだけでありがたい存在です。すべての人や出来事、思い出を慈《いつく》しみ、みんなで一緒に幸せな世界をつくっていきましょう。

この本を手にしてくださった方、企画制作に携わってくださった方、いつも僕を応援してくださり、この本が生まれる大きな原動力となってくれた10万人近いフォロワーの皆さん、本当にありがとうございます。
すべての縁に心から感謝します。合掌

2023年7月

古溪光大

著者：古溪光大（ふるたに・こうだい）

1994年、龍襄山雲門寺の後継ぎとして生まれる。

中央大学経済学部卒業後、帝人株式会社入社。ヘルスケア部門にて4年間勤務した後、退職。2021年2月より1年3カ月間、大本山永平寺にて修行生活を送る。

帰山後、「仏教をもっと身近に感じてもらいたい」との思いから、TikTokに仏教や人生について語る動画の投稿を開始したところ、幅広い層から支持を受け話題に。半年足らずで8万人以上のフォロワーが集まり、その数を増やし続けている。

活動の一環として制作した「般若心経 現代語訳 Rapしてみた」は、YouTubeにて10万回再生を突破。

現在のビジョンは「僧侶が個性や才能をいかせる仕事と寺院運営を両立できる世界をつくる」こと。

僧侶、TikToker、ラッパー、起業家として、既存の枠にとらわれることなく仏教界に新しい風を吹き込もうと日々活動中。

公式サイト：https://www.furutanikodai.com/

企画・編集・執筆	鹿ノ戸彩
装丁・本文デザイン	館森則之（module）
撮影	合田和弘　ソネリエ
DTP	若松隆
スタイリスト	たぐちかずき
衣装提供	壱日
制作協力	橘優生

君と僕と諸行無常と。

TikTok僧侶の幸福論

2023年7月31日　初版第1刷発行

著者　古溪光大

発行者　小宮英行

発行所　株式会社 徳間書店
〒141-8202　東京都品川区上大崎3-1-1
目黒セントラルスクエア

電話　編集 03-5403-4350／販売 049-293-5521

振替　00140-0-44392

印刷・製本　大日本印刷株式会社

ISBN978-4-19-865650-8

般若心経 現代語訳

仏説摩訶般若波羅蜜多心経
観自在菩薩 行深般若波羅蜜多時
照見五蘊皆空 度一切苦厄
苦しみ 辛さ 悲しみ
全部 幻
舎利子 色不異空 空不異色
思い出す なけなし
あの時の ワンシーン
But ブッダ 言ってた
Like a 諸行無常だ

色即是空　空即是色
うん 生きてるだけで
先ずは、まぁＯＫ
受想行識亦復如是
測る体温計 I don't care
愛憎も放っとけ
般若心経聞いとけ
舎利子　是諸法空相
It's ok 上がる頂上へ
Remember 生きているだけで
先ずは、まぁＯＫ

不生不滅　不垢不浄　不増不滅
生きて死ぬよシンプル
Don't look back
綺麗　きたない
線引き　到底Noだ
増えて減るMoney　関係ないな
是故空中　無色　無受想行識
無眼耳鼻舌身意　無色声香味触法
無眼界　乃至無意識界
無無明　亦無無明尽
カタチ声も香り味も
実体なんてないよ

乃至無老死　亦無老死尽
無苦集滅道　無智亦無得　以無所得故
生まれ老いて
病んで死んで立ち止まって
明日なんてきつめハンデ
それもOK
受けて立つぜ　俺　止まらない
踏み込むアクセル
生きるなあくせく
Not suicide
これはマジな約束

菩提薩埵　依般若波羅蜜多故
過去　ネガもポジも全て
現在　今をつくる要素
未来　その『今』の積み重ね
3つ全部繋がっている
これを聴けている
それは生きてる　その理由
誰も説明できない
近くありすぎ誰も気づけない
気づいた者勝ち　これはマジな話

心無罣礙　無罣礙故　無有恐怖
いのち はたらき
Life 儚い 無いわだかまり
遠離一切顛倒夢想　究竟涅槃
だから恐れない 得たよ心静寂
人生上がっていく
皆で歩いていく
今日も俺は生きていく

三世諸仏　依般若波羅蜜多故
得阿耨多羅三藐三菩提

だから知るべき
自分が自分に
自信持っていい
否定いらない

故知般若波羅蜜多
是大神呪　是大明呪
是無上呪　是無等等呪
能除一切苦　真実不虚

俺は生きている
それがイケてる

故説般若波羅蜜多呪
即説呪曰

般若心経が
そうやって説いてる
般若心経現代語訳を最後
やっぱもう生の言葉を
皆で歌おう
それを楽しもう
3-2-1 Let's go

羯諦羯諦　波羅羯諦　波羅僧羯諦
菩提薩婆訶
般若心経